運のいい人が幸運をつかむ前にやっていること

セレンディピティの科学

THE SERENDIPITY MINDSET:
The Art and Science of Creating Good Luck

クリスチャン・ブッシュ
Christian Busch
土方奈美〔訳〕

東洋経済新報社

はじめに
運のいい人、悪い人

あなたは運のいい人だろうか。

それとも、運に恵まれない人だろうか。

こう聞かれたら、なんと答えるだろう。

答えがどちらであれ、答える前に頭の中でこんな出来事について思いをはせる人も多いのではないだろうか。


私は大学生のとき、あのイベントで偶然すばらしい先生に出会って、可能性の道が開けた。

予約の取れない人気のレストランにダメもとで電話したら、たまたまキャンセルが出て、希望の日においしい食事を楽しめた。

仕事の面接に行く前にインフルエンザにかかって、チャンスを逃した。

こうした思考に共通するのは、**自分にとって予想外のいいこと、もしくは悪いことがどれだけ起きているか、という視点から運をとらえていることだ。**

運はどこかから降ってくるものであり、いい運がたくさん降ってくるかどうかには、なぜかはわからないが、個人差があるという見方だ。

たしかに、世の中には、偶然のチャンスが多く巡ってくるように見える人と、そうでない人がいる。「成功者」のエピソードを読むと、どうしてそこでそんな幸運に出会えたのか？　とうらやむようなチャンスに恵まれているように見える。

しかし、私がこれまでセレンディピティについて研究してきてわかったことは、**偶然のチャンスは誰の身にも同じように降りかかっている**ということだ。

違いをもたらすのは、偶然降りかかるそのことに「気づき」、その気づきを別の何かと「結びつけ」、結果として思いも寄らなかった新しい価値を生み出す力だ。

となると、運はただ降ってくるものではなく、自分の力で影響を与えうるプロセスということになる。

運のいい人は、意識的であれ、無意識であれ、このプロセスへの関与の仕方がうまい。

ではその関与の仕方とはどのようなものなのか。関与の仕方がうまい人がやっていることを、私たちもまねすることはできないだろうか。それを明らかにするのが本書だ。

成功した人に、「あなたが成功した要因はなんですか」と聞いたら、努力や計画、ビジョン、能力、運を挙げる人は多い。

こうして後から語られる成功話は、こんな努力をしたからとか、こんな偶然があったからというように、成功を約束された道があったかのように語られるのだ。

もしかすると、たしかにそんな成功への一本道を歩んだ人もいるのかもしれない。しかしたいていは、**その偶然が起きたときにはその意味がわかっていなかったが、それに気づき、何かと結びつけたら、結果として成功につながった**、というランダムな道のりを歩いての結果だ。

本書では、そのことを示すと同時に、ランダムに生じる「予想外」への対処法をお伝えしたい。

この対処法が身につくと、「予想外」を柔軟に受け止め、楽しむこともできるはずだ。**「予想外」を、ネガティブなものではなく、チャンスととらえられる**ようになるのだ。

本書で紹介する視点や姿勢が、あなたの人生に、良い影響を与えてくれることを期待している。本書を読み終えた後で、「私は運がいい」「私は幸せだ」と言ってくれる人が1人でも多くなってくれたら、著者としてうれしく思う。

目次

運のいい人が
幸運をつかむ前に
やっていること

はじめに
運のいい人、悪い人 iii

序章
セレンディピティ
——世界を動かす隠れた力 1

幸運は備えのある者に訪れる 2
セレンディピティとは 3
科学的にセレンディピティを考える 4
私にとってのセレンディピティ 6
LSEでの研究でわかったこと 8
予測できない世界で幸せになる方法 9

目次

第1章
単なる幸運とセレンディピティの違い 11

成功者がしている「下準備」 11
世界はセレンディピティに満ちている 13
愛もセレンディピティから生まれる？ 14
セレンディピティの3つの特徴 16
セレンディピティ・フィールドとは 18

第2章
セレンディピティを邪魔するもの 21

成功の要因は努力と計画、ビジョンだけか 21
バイアス1 「予想外」を過小評価する 23
もし「予想」の範囲を広げられたら 25
「幸運な人」だけが気づくこと 27

バイアス2　多数派への同調　30
バイアス3　事後合理化――後知恵の功罪　32
都合のいいストーリーを組み立てる後知恵バイアス　33
直線的なストーリーの落とし穴　34
現実は「曲がりくねったストーリー」である　35
バイアス4　機能的固定化　37
セレンディピティと運やカオスとの違い　39
まとめ　40
やってみよう　日記をつけて振り返ろう　41

第3章 「リフレーミング」で感度を高める

45
あなたには世界はどう見えるか　46
誰もが「枠組み」にとらわれている　47
他者から押しつけられる「枠組み」もある　48
リフレーミングの力で「見えない橋」が見える　50

受け止め方次第でその後が変わる …… 52
悪いことが起きたときには長い目で見る …… 54
幸運な人と不幸な人、それぞれの見方 …… 55
他の人のアイデアを発展させよう …… 57
「北極星」があると成功につながりやすい …… 58
即興でもたいていはうまくいく …… 60
「ハドソン川の奇跡」の背景 …… 62
点と点をつなぎやすくする会話とは …… 64
今向き合っている課題を話してみよう …… 66
「なぜ?」という問いかけが持つ力 …… 69
問題を細分化して明確にすることの罠 …… 71
「問題解決」をゼロベースで見直してみる …… 73
傑出した学生とふつうの学生の違い …… 74
まとめ …… 76
やってみよう 会話の切り出し方を変えてみよう …… 77

第4章

「こうありたい」と願うことの力

「こうありたい」と願うことの力 81
ロンドンで体験した危機が糧に 82
向かうべき方向は最初からわからなくてもいい 85
「生きがい」はどこから来るのか 86
厳しい環境でこそ、「上位のニーズ」が重要 88
予想外に対処する「質の高い直感」を育むには 89
「利己」より「利他」でより幸福に 91
どうすればやさしさを身につけられるか 94
外向的タイプと内向的タイプで違いはあるか 95
内向的行動にも重要な役割がある 97
いい心の状態を保つことも重要 99
不完全であることを受け入れる 100
幸運な人はたいてい肩の力が抜けている 101
セレンディピティが起きやすい時期 103
まとめ 104
やってみよう 心と体を整えよう 105

第5章 セレンディピティ・トリガーの仕掛け方 110

人生を変えたアドバイスはどこからきたのか 110
人脈づくりの達人の種のまき方 113
「人との出会い」で世界も人生も変わる 114
学者は人脈づくりの起点になる 117
自分をさらけ出すことで道が開ける 119
立場が高い人も他者とつながろうとする 122
イベントのホストに自己紹介をしよう 123
トリガーをつかまえて、点と点をつなげる 125
この話を、別の話とどうつなげるかを意識する 127
機会は誰にでも訪れている 129
「蓄積した知識」「初心者の心」はどちらも有効 130
芸術から学べること 133
データマイニング・バカにならない 140
セレンディピティにはユーモアも効果的 141
まとめ 144
やってみよう 種をまいてみよう 145

第6章 アイデアをつぶさないためにできること

149

好ましい偶然を好ましい結果に変えるには …… 149
周到な準備からいいアイデアが生まれる …… 151
完璧でないことを許してみる …… 153
弱さをさらけ出してもいい …… 156
才能だけでなく粘り強さも重要 …… 158
成功は、山ほどの失敗のあとに訪れる …… 160
負の感情を避けるのではなく、対処する …… 164
レジリエンスを高める2つの方法 …… 167
セレンディピティのための時間の使い方 …… 169
ストレスのない時間の使い方を探そう …… 171
チームのストレスを減らす時間の使い方 …… 174
まとめ …… 176
やってみよう 行動を変えてみよう …… 177

第7章

セレンディピティ・スコアをつけてみよう

180
それは本当にスキルの差なのか？ 182
運に恵まれた人は嘘をつく 184
ロールモデルを正しく選ぼう 185
あなたのセレンディピティ・スコアをつける 187
まとめ 191
やってみよう 自分のスコアをつけてみよう 192

おわりに
賢く運を引き寄せるためにできること 194

本書は、クリスチャン・ブッシュ著『セレンディピティ　点をつなぐ力』（東洋経済新報社、２０２２年）をもとに、著者の許諾を得て、読みやすさを考慮して要約・編集したエッセンシャル版です。

序章

セレンディピティ
――世界を動かす隠れた力

誰しも、自分の運命を決めるのは自分だと思いたがっている。目標を達成し、野心をなし遂げる方法を求め、未来をコントロールしたいと願っている。

そう、**人は計画を立てたいのだ**。

だが、私たちは本当に人生をコントロールできているだろうか。どれだけ綿密に計画を立て、モデルや戦略をつくったとしても、そこには常に「予想外」という別の要素が絡んでくる。

予想もしていなかった出来事、偶然の出会い、一見奇妙な巡り合わせといったものは、人生における余興や雑音などではない。

予想外はむしろ決定的要因として、私たちの人生と未来に大きな違いを生じさせることも多い。

幸運は備えのある者に訪れる

あなたが既婚者なら、相手と出会ったのは「偶然」だろうか。新しい仕事や住まいを見つけたのも、後の共同創業者や出資者と出会ったのも、また「偶然」だろうか。手近にあった雑誌を開いてみたら、抱えていた問題を解決するのに必要な情報が載っていた。それは「たまたま」なのだろうか。

そうした大小さまざまな出来事が、あなたの人生をどう変えただろう。すべてが事前の計画どおりにいっていたら、あなたの人生はどうなっていただろうか。

あなたが人生に求めるものが何であれ、そこには必ず偶然の出会いがある。

スポーツジムで誰かとばったり出会うといった、ごくありふれた出来事によって人生が変わることもある。

個人にとっても組織にとっても、最高のチャンスはセレンディピティがもたらすことが多い。

では、**成功するか失敗するかは、私たち自身の行動とは無関係な偶然の産物なのか。成功は「運だけで」決まるのだろうか。**

それも違うことを、私たちは直感的にわかっている。人生において重要な転機やチャンスは、偶然訪れるように見える。しかし、他の人よりもそれが頻繁に巡ってくる人、そして結果的により多くの成功や喜びをつかむ人というのはたしかにいる。そんなチャンスに恵まれる人と、そうでない人の違いは、どこにあるのだろうか。

セレンディピティとは

本書のテーマは、人間の志や想像力と偶然の相互作用、すなわち「セレンディピティ」だ。セレンディピティを定義すると「予想外の事態での積極的な判断がもたらした、思いがけない幸運な結果」となる。

セレンディピティは世界を動かす隠れた力だ。日々のささやかな出来事、人生を変えるような事件、さらには世界を変えるような画期的発明の背後に常に潜んでいる。

しかしこの隠れた力の謎を解き、成功やプラスの力に転換するためのマインドセット

（心構え）を身につけている人はごくわずかだ。

セレンディピティが単に私たちの身に降りかかる偶然ではなく、実は点と点を見つけ、つないでいくプロセスだと理解すると、他の人には断絶しか見えないところに橋が見えてくる。

すると、セレンディピティが身のまわりで次々と起こるようになる。

セレンディピティへの関心は高く、何百万というウェブサイトが話題にしている。世界的な成功者にも、セレンディピティを成功の秘訣に挙げる人が多い。

だが自らの人生においてセレンディピティを発生しやすくするような、具体的かつ科学的方法については驚くほど知られていない。

科学的にセレンディピティを考える

そうした知識の欠落を埋めるのが本書だ。

本書は、セレンディピティが生まれるメカニズムを解明する科学的研究と、世界各地で自分と周囲のためにセレンディピティを起こした人々の事例をもとにしている。

みなさんの人生において幸運なサプライズがもっと頻繁に起こるように、そしてそこからより良い結果を得られるように、理論的な枠組みとトレーニング方法を提供する。

これは**セレンディピティを受け身でなく、能動的なものととらえる、いわば「スマートラック（賢くたぐり寄せた幸運）」の発想**だ。（金持ちの家に生まれるといった）努力とは無関係に訪れる、「純粋な」幸運や運任せの姿勢とはまったく違う。

セレンディピティ・マインドセットは、圧倒的な成功と幸福を手にした人々が、有意義に生きるための支えとしてきた人生の哲学だ。そして、私たち一人ひとりが身につけることのできる実践的な能力でもある。

本書は私自身がＬＳＥ（ロンドン・スクール・オブ・エコノミクス）、ハーバード大学、世界経済フォーラム、ストラスモア・ビジネススクール、世界銀行の同僚と行った研究に加えて、神経科学、心理学、経営学、芸術、物理学、化学における最新の研究の成果も活用している。

数百本の学術論文、世界各地の多様な人々との２００件以上のインタビューや会話をもとにしており、さまざまな職業や社会的地位にある人々から直接聞いた魅力的な体験談も盛り込んでいる。

私にとってのセレンディピティ

私がそもそもセレンディピティについて考えるようになったきっかけは交通事故だった。その事故は、私が18歳のとき、若者特有の傲慢さと不運が重なって起きた。私は駐車していた車列に時速80キロで突っ込んだ。幸い命拾いしたものの、私の運転していた車も、ぶつかった車も、めちゃめちゃになった。

それまで臨死体験の話など信じていなかったが、衝突の直前、**自分は何もできない、ここで死ぬんだ**と思った。その瞬間、たしかにそれまでの人生が走馬灯のように浮かんだ。

それからの数日、私の心にはさまざまな疑問が湧いてきた。

「僕が死んでいたら、葬式には誰が来ただろう」

「本当に悲しんだのは誰だろう」

「人生って、本当に生きる意味があるのか」と。

それまで自分が、**人生の一番重要な部分をなおざりにしてきたことに気づいた**。長続きする深い人間関係を大切にする、自分に誇りを持てるような、社会に役立つ有意義なことをするといったことだ。

間一髪で死を免れたので、死んでいたら失われたはずの機会について考えずにはいられなかった。

会えたはずの人々。

実現できたはずのアイデアや夢。

自分の身に起きたはずの幸運な出来事や出会い。

こうして、人生の本当の意味を探す旅が始まった。

あの事故は私にとって人生を立て直すきっかけとなり、人生に方向性を与えてくれた。

私は何十もの大学に願書を送った（お粗末な成績のため、40校以上出願して合格できたのは4校だけだった）。

私は持てるエネルギーをすべて学業、人間関係、仕事に注ぎ込んだ。そして誰もが有意義な人生を送れるようサポートするコミュニティや組織の共同創設者となった。

こうした活動もまさにセレンディピティというべき出会いから生まれた。そして、**自分が積極的に動くほど、自分や他の人々の人生に生じうるパターンに気づくようになった。**

ＬＳＥでの研究でわかったこと

2009年に私がＬＳＥで始めた博士課程の研究のテーマは、個人や組織が成長し、社会的影響力や存在意義を高めていく方法についてだった。それはセレンディピティの探究とはあまり関係のないものになると思っていた。

だが嬉しい誤算で、セレンディピティは至るところに顔を出した。誰よりも成功し、誰よりも幸せそうな人にインタビューすると、その多くは本能的に**「セレンディピティ・フィールド」**とでもいうべきフォースフィールドを生み出していた。

彼らが人生において、同じような条件でスタートした人々より好ましい成果を手に入れている原因は、そこにあるようだった。

そうした経験を踏まえ、私の人生の流れや、情熱を注いできた研究テーマをまとめてみようと考えた。**点と点を結び、自分の人生哲学と、学校では学べなかった人生の本質を包含するような本**を書こう、と。

今、私が何より幸せを感じるのは、2つのアイデアあるいは2つの人格が思いがけず出会ったときに飛び散る火花、つまりセレンディピティの喜びを目の当たりにしたときだ。

あらゆる人が「最高の自分」を見つけられるようにすること――。それがセレンディピティを生み出す最大の目的だ。

予測できない世界で幸せになる方法

本書の目的は、「予想外」に対してオープンな姿勢を身につけることだ。予想外への備えをして、先入観を排除すれば、（幸運か悪運かにかかわらず）運に振り回されなくなる。**運は育み、方向性を与え、人生のツールとして活用できるものだ**。

そのためにはセレンディピティを阻む壁を取り除かなければならない。壁は私たちの思考プロセスや日々の生活や職場のなかにある。

現実にはこうした壁が存在すること、それが私たちの情熱を潰してしまうことを、誰もが直感的にわかっている。無意味な会議、読み切れないほどのメール、書かなければいけない、あるいは読まなければいけない退屈な文書などだ。

そして、それらの壁を取り除くのと同じくらい重要なのが、**予想もしなかった発見を価値ある成果に変えていく、マインドセットを身につける**ことだ。

それは、何か特定の能力を習得するということではない。常に変化する能力を養うことだ。ただ受動的に運を受け入れる姿勢から、自ら積極的にスマートラックを生み出す主体に変わること。予想外の変化を成功のチャンスにする心構えを持つこと。そして意味と喜びを見つけることが重要だ。

本書はセレンディピティを理解し、生み出し、育むための方法を順を追って見ていく。また誰もが疑問に思っていること、つまり**セレンディピティは本来ランダムなものなのに、どうやってそれに影響を及ぼすのか**という問いにも答えていこう。

第1章

単なる幸運とセレンディピティの違い

人生で起こることはたいてい、バックミラー越しに見たときに初めて意味をなす。私たちは過去を振り返って、点と点を結びつけようとする。その場合、**ランダムに生じた人生の選択や偶然の出来事を、他人に伝えやすいような形で、説得力のある論理的なストーリーにまとめがちだ。**

成功者がしている「下準備」

履歴書を見れば、誰だって一貫性のある合理的な「計画」に沿って生きてきたように見える。

だが現実には、キャリアに対する明確なプランなどなかったかもしれない。たとえ事前のプランがあったとしても、**幸運あるいは不運な偶然や、予想もしなかったアイデア、出会い、会話に導かれて、現実はプランとはまるで違ったものになっているのではないか？**

だとすれば、過去を振り返るだけでなく、未来を見通して、点と点を結びつけられるようになったらどうだろう。偶然を存分に活かせるように、偶然が芽吹き、育つように土壌を整えられたらどうか。

偶然に栄養を与え、育てる方法を知っていたら？　そして何より重要なこととして、偶然をより良い結果に結びつける方法がわかっていたらどうだろう。

自然災害や大物スターとのはちあわせといった偶然を、自らの手で生み出すことのできる人はまずいない。

だが**好機に敏感になることで、セレンディピティを誘発し、それを活用しうる状況を生み出す**ことはできる。

見過ごされがちだが、成功者の多くは、一見偶然の出来事に大いに助けられているように見えても、単に「運がいい」だけではない。

たいていは意識的あるいは無意識的に、そのような「幸運」を引き寄せるのに必要な下準備をしている。

運に恵まれ、他の人にも同じように幸運な環境を生み出してあげることができるのは、リチャード・ブランソン、ビル・ゲイツ、オプラ・ウィンフリー、アリアナ・ハフィントンのような特殊なタイプだけではない。

自分と周囲のためにセレンディピティを育むことは誰にだってできる。

世界はセレンディピティに満ちている

嘘ではない。ナイロン、マジックテープ、バイアグラ、ポスト・イット、レントゲン、ペニシリン、ゴム、電子レンジの発明には、いずれもセレンディピティがかかわっていた。大統領、大スター、大学教授、世界有数のＣＥＯを含むビジネスパーソンにも、自らの成功の大きな要因としてセレンディピティを挙げる人は多い。

セレンディピティは日常のささやかな場面から人生を変えるような大事件まで、私たちの生活のなかにもあふれている。

たとえば、こんな状況を想像してみよう。

隣人が庭の大きな木の枝を伐採するため、高所作業台をレンタルした。隣人が働く姿を見ているうちに、あなたは自分の家の屋根瓦が一部緩んでいたことを思い出した。すぐに修理が必要なほどではなかったので放置していたが、せっかくなら……。

そこであなたは外に出て、隣人とおしゃべりをしながら、隣人が伐採した枝の処分を手伝った。それから自宅に招いて、ビールをふるまおうとする。

自然な流れで、足場を借りて屋根に上り、屋根を修理した（もちろんビールを飲む前に！）。しかも屋根に上っている間に、雨どいが緩んで落下しかけていることに気づいた。**運が悪ければいずれ雨どいが落下して、家族の誰かがケガをしていたかもしれない。**

これはあなたの手には負えないので、専門業者を呼んで修理することにした――。

愛もセレンディピティから生まれる？

実際このような経験をしたばかりだ、という人もいるかもしれない。いつ誰の身に起きてもおかしくないことだ。

これをセレンディピティだとは認識しないかもしれないが、前項で想像した状況には、セレンディピティの主要な特徴がすべて含まれている。

日常のなかで偶然何かが起き、それに気づき、注意を払い、もともと知っていた一見無

関係な事実と結びつける。

２つを結びつけ、主体的に対応することで、それまで存在することすら気づいていなかった問題の解決策が見つかる。

愛もセレンディピティから生まれると言えるかもしれない。

私がこれまでの恋人と出会ったのは、たいていコーヒーショップや空港だった。コーヒーをこぼしてしまったり、ちょっと席を外す間パソコンを見ていてほしいと頼んだりしたことをきっかけに会話が始まり、共通の趣味が判明することもあった。

あなたに恋人がいるとしたら、どんなふうに出会ったか振り返ってほしい。出会いはたまたまだったのかもしれないが、あなたは相手との相性の良さ、共感できる部分、共通の価値観などに気づいた。

そして何より大切なこととして、そんな関係を手に入れようと努力した。つながりを大切に育み、お互いに足りない部分を補い、刺激し合う部分を見つけだした。

そうして偶然の出来事をとらえ、つかみ、努力した。**それは単なる偶然ではない。セレンディピティだ。**

セレンディピティの3つの特徴

セレンディピティは、単に私たちの身に起こることではない。セレンディピティにはいくつかはっきりとした特徴があり、その一つひとつは意識的に育むことのできるものだ。セレンディピティが外的要因ではなく、自らの力で使いこなすことのできる魔法のツールだと理解するには、もう少し詳しく見ていく必要がある。

そのために、これまでの研究で明らかになった**セレンディピティの中核的な3つの特徴**を見ていこう。3つは互いに結びついている。

1　ある人に何か予想外、あるいはふつうではないことが起こる。それは物理現象のこともあれば、会話のなかでたまたま出てきた話題のこともある。これが**セレンディピティ・トリガー**だ。

2　その人がトリガーを、それまでかかわりのなかったことと結びつける。点と点を結びつけ、一見偶然のような出来事や出会いに、何か価値があるかもしれないと気づく。

こうして、それまで無関係と思われていた事実や出来事を結びつけることを**「バイソシエーション」**という。

３　重要なポイントとして、点と点を結びつけて実現した価値（洞察、イノベーション、新しい手法、問題への新たな解決策）はもともと期待されていたものでも、誰かが探していたものでもなく（少なくとも探していた形ではない）、**完全に予期せぬものだ**ということだ。

サプライズや偶然という要素は重要だが、それは最初のステップに過ぎない。もう１つ必要なのが、偶然の発見を理解し、使いこなす能力を持った人の存在だ。

それは**複数の出来事、観察したこと、断片的情報の間に、（意外な）価値のあるつながりを発見し、クリエイティブに融合させていく能力**を指す。

それには洞察力（雑多なものを選別し、価値あるものを見つける能力）と粘り強さ（最後までやり遂げる力）が必要になる。

セレンディピティ・トリガーに気づかない、あるいはそれが何と結びつくかわからなければ、セレンディピティの機会は失われてしまう。

起こり得たはずなのに、そうならなかった偶然はやまほどある。

たとえばスポーツジムで有名人に会う、あるいは好みの相手を見つける、といった点が存在しても、点と点を結びつけることができなければ、セレンディピティは未遂に終わる。人生を振り返って、セレンディピティが起こり得たのに、あなたが気づかなかった（あるいは気づいていたが行動しなかった）ために未遂に終わったケースはないだろうか。何か小さなきっかけがあれば行動できた場面で、結局何もせず、後になって後悔したという経験を最近しなかっただろうか。

セレンディピティ・マインドセットを身につけるのが重要なのは、このためだ。

セレンディピティ・フィールドとは

組織、人脈、物理的空間を見直すことなどによって、セレンディピティが生まれやすい状況を生み出すこともできる。**セレンディピティ・マインドセットと適切な状況を組み合わせることで、セレンディピティの育つ「セレンディピティ・フィールド」は豊かになる。**

図1はセレンディピティのプロセスと、セレンディピティ・フィールドの生まれる様子を示している（あくまで単純化した図だ。トリガーの発生と点と点の連結は通常同時に起

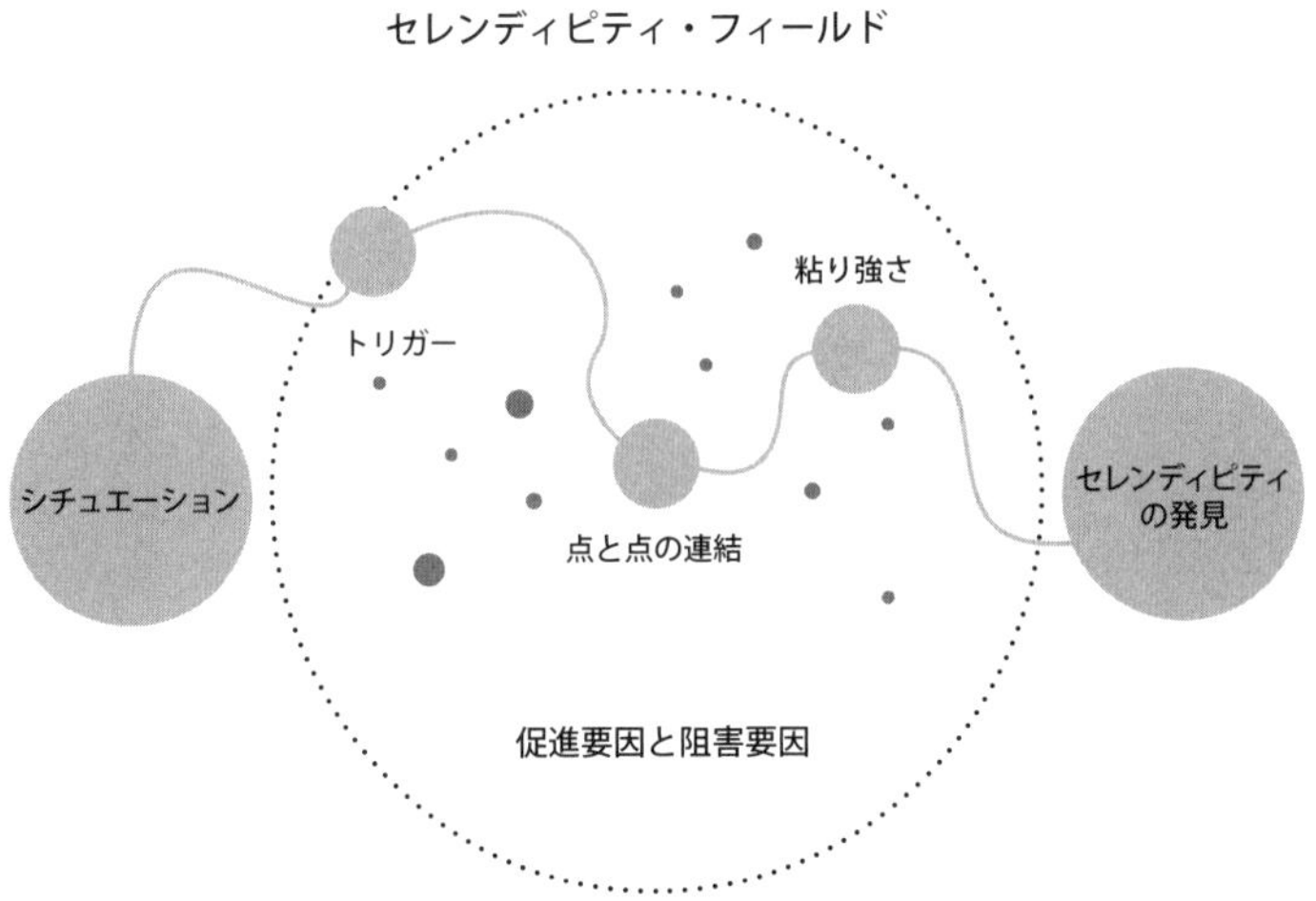

図1　セレンディピティ・フィールド

こり、図にはないが、初期の結果がその後のセレンディピティの発生頻度を左右する「フィードバック・ループ」も存在する）。

「私たちが能動的に引き起こしたセレンディピティは、セレンディピティと言えるのか」と疑問に思う人もいるだろう（私自身、そんな疑問を抱いていたこともある）。

その答えは間違いなくイエスだ。というのも、それこそがセレンディピティと単なる偶然との明確な違いだからだ。

セレンディピティを育むというのは要するに、**世界をオープンな目で見て、点と点をつなごうとすること**だ。たまたまいいタイミングで良い場所に居合わせたら、何かいいことが降ってくるというのではない。

重要なのは私たちの心構えであり、セレンディピティのプロセスに積極的に関与することだ。

第2章

セレンディピティを邪魔するもの

セレンディピティを起こすうえでの最大の障害は、私たち自身の先入観にある。無意識のうちに思考を操作し、セレンディピティの可能性を封じてしまう**バイアス（思考の偏り）**だ。

成功の要因は努力と計画、ビジョンだけか

もし自分にはバイアスなどないと思っている人がいるなら、それこそが最大のバイアスだ。

私たちに染みついたバイアスは、セレンディピティの瞬間が訪れたときにそれを見えなくする。さらに、すでに起こったセレンディピティの解釈を誤る原因ともなる。「あなたが成功した理由を説明してほしい」と言われたら、おおかたの人は、自分の努力と入念な計画、長期的視野に立ったビジョンや戦略が栄光に結びついたと答えるだろう。ときにはそれが正しいケースもあるが、たいていは違う。**人生の重要なターニングポイントの多くはセレンディピティがもたらすものであり（あるいは単にツキに恵まれただけのこともある）、私たちが後づけで解釈を加えるだけだ。**

企業に提出される履歴書では、誰の人生もA地点からB地点へとまっすぐな道を歩んできたように見えるのと同じだ。

バイアスは有用なこともあり、その存在にはまっとうな理由もある。この世がランダムなカオスだけでできていると思えば、生きていくのはあまりに困難だし、また複雑な社会関係を完全に理解するのは不可能だ。

しかし人類の大きな進歩を可能にしたのは、バイアスや先入観から抜け出す力だった。

バイアスにはさまざまなタイプがあるが、セレンディピティの妨げとなる基本的なものが4つある。

●「予想外」を過小評価する
●多数派への同調
●事後合理化
●機能的固定化

セレンディピティをうまく育むためにはこれらを克服すること、少なくともその存在を認識することが不可欠だ。

バイアス１　「予想外」を過小評価する

かつてイギリスで交渉術の授業を担当していたとき、私は学生にこんな課題を出した。独立系ガソリンスタンドのオーナーが、大手石油会社にスタンドを売却しようとしている。

石油会社がスタンドの買収に出してもいいと考える額は最大50万ドルだが、オーナーは最低でも58万ドルで売りたいと考えている。

理屈のうえではどちらか、あるいは両方が条件を変えなければ交渉の余地はなく、成果は望めなそうだ。

それから、双方の立場に立った学生たちに、オープンな気持ちで、相手の言い分の根底にある本当のニーズや関心を理解してみてほしい、と伝える。

そして石油会社の代表役がスタンドのオーナー役に、なぜ58万ドルも必要なのかと聞いてみると、会話はたいてい思いがけない方向に展開していく。

スタンドのオーナー役は、引退したらパートナーとセーリングに行くのが夢なので、それだけの金額が必要だと思う、と答える。

すると石油会社側の学生は「そんなことだとは思わなかった。それならヨットの帆にわれわれの会社の名前を書いてくれないか。代わりに、その旅に必要なガソリンを提供するよ。実はそんなスポンサー活動を増やしたいと思っていたんだ」と言い出す。

他にも**双方にとって魅力的な予想外のアイデアが出てくる**。

お互いの主張の根底にあったニーズを表に出してみると、解決のための思いがけない方法が明らかになる。

もし「予想」の範囲を広げられたら

もともと「ウィン・ウィン」の精神があり、互いにメリットのある落としどころはないかなと思っている学生は、このようなアイデアを直感的に思いつく。

一方「勝つか負けるか」という発想からスタートする学生は、双方にプラスとなる「パイそのものを大きくする」方法を思いつくのに時間がかかることが多い。

ウィン・ウィンタイプの学生は、勝つか負けるかタイプの学生より、信頼を構築し、お互いの本当のニーズや優先事項に関する情報を交換するのがうまい。

ここには交渉能力を高めるためのヒントが詰まっているが、注目すべきは、予想外の要因が「目に入らない」のは、そもそもその存在自体に気づいていないからだ、という事実だ。

スタンドのオーナーが求めていた不自然な（そして割高な）売却価格（それを動かせない前提とみなしてしまう人も多い）によって、背後にある本当のニーズが見えなくなっていた。

ところが**本当のニーズが明らかになったとたん、はるかに魅力的な選択肢が現れた。**このような認識は、ビジネス交渉のような場面で特に重要だ。

たとえば新しい仕事に就こうとしている、あるいは初めて家を購入しようとしているとき、双方が納得できる落としどころを見つけるためには、たいていは、思いもよらない点と点を結びつける必要がある。

そうした場面にとどまらず、後から振り返って点と点を結びつけてみると、仕事上の経歴からパートナーとの出会いまで、予想外の要因が人生のかなりの部分を形づくっていることがわかるだろう。

私たちには、各自それぞれの「ふつう」があり、偏った視点で世界を見ている。このバイアスがあるために、私たちには「予想していたこと」ばかりが目に入るようになる。

では、その「予想」の範囲を広げられたらどうだろう。

すると徐々に点と点のつながりが見えてきて、**起こりそうもないことは常に身のまわりで起きており、それを活用するかどうかは自分次第**であることに気づくだろう。

これはセレンディピティ・マインドセットを身につけるうえで核心となる部分だ。

「幸運な人」だけが気づくこと

私たちは日々、予想外の事態が起こらないよう気をつけている。多くは身を守るためだ。交通量の多い道で横断歩道を渡るときを思い起こそう。

赤信号になれば車は停止するはずと予想するが、絶対にそうだとは言い切れない。ときには赤信号になっても止まらない運転手もいるだろう。だから信号が変わって横断歩道に踏み出すとき、私たちは目の端で、車が止まったことを確認してから動き出す。

こういうとき、私たちの視野は通常より広くなり、予想外の動きをとらえようとする。そうしなければ命を落とすことになるかもしれないからだ。

同じアプローチをもっと前向きな形で使えないだろうか。**予想外の良いことや有益なことを待ち受けるために、視野を広げるのだ。**

イギリスの心理学者、リチャード・ワイズマンが興味深い実験をしている。自分を「とびきり運がいい」と思っている人と、「とびきり運が悪い」と思っている人を探してきて、それぞれが世界をどのように認識するかを調べた。

「幸運な」マーチンと「不運な」ブレンダという2人の被験者に対する実験では、研究チームは2人に、(別々に)コーヒーショップに行ってコーヒーを買い、その場で飲んでほしいと指示し、その過程を隠しカメラで撮影した。

コーヒーショップの入り口に5ポンド紙幣を置き、2人が店に入るときには確実にそれをまたぐようにした。さらに店内には4つの大きなテーブルを置き、1人ずつ別の客を座らせた。注文カウンターのすぐ隣のテーブルにはビジネスパーソンが座った。

4人の「客」には、マーチンとブレンダにまったく同じように接するよう指示した。結果はどうなっただろうか。

幸運なマーチンは店に歩いていき、5ポンド札を見つけて拾い、店内に入った。コーヒーを注文するとビジネスパーソンの隣に座った。そしてビジネスパーソンに話しかけ、仲良くなった。

一方不運なブレンダは5ポンド札には気づかなかった。やはりビジネスパーソンの隣に座ったものの、実験が終わるまでひと言も話さなかった。

その後研究チームが2人に「今日はどんな日ですか」と尋ねたところ、まったく違う反応が返ってきた。

マーチンは最高の1日で、5ポンドを拾って、有能なビジネスパーソンと楽しい会話ができたと語った。

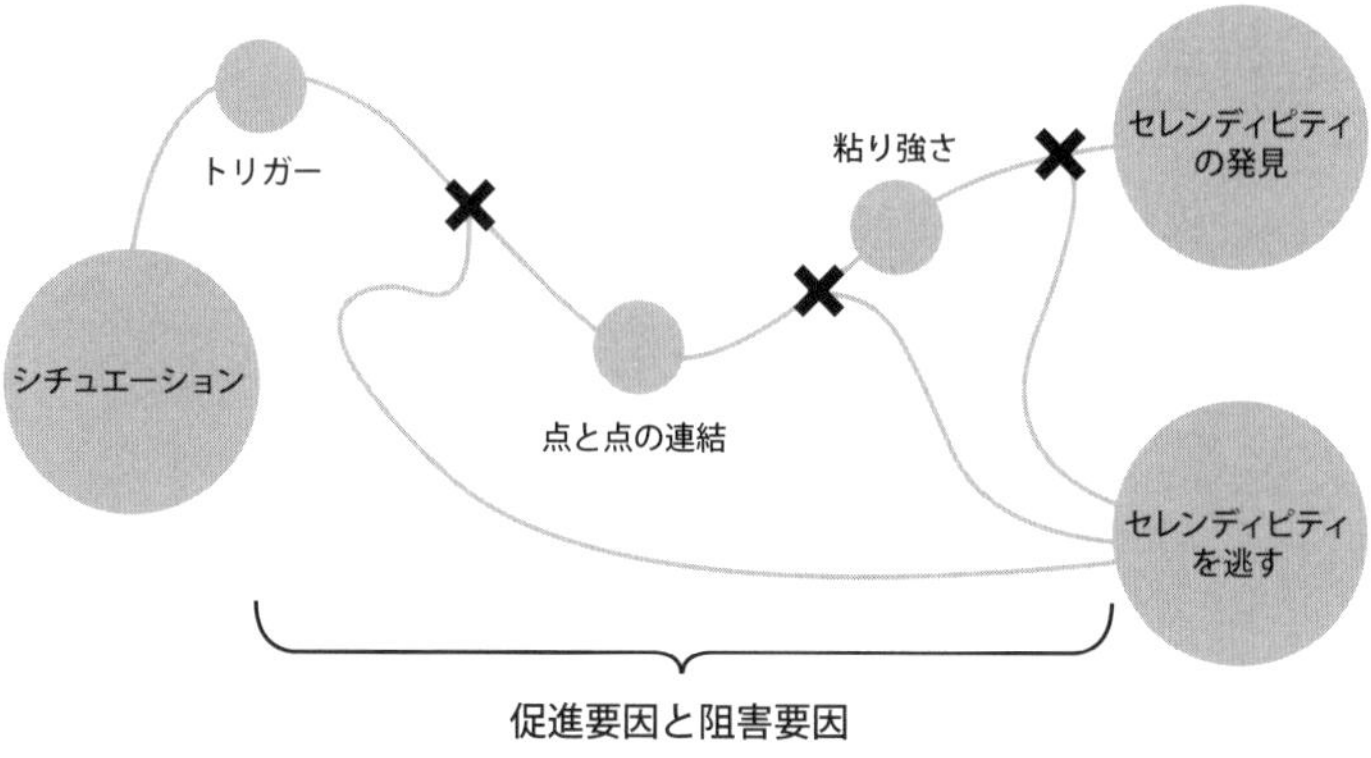

図2　セレンディピティの促進要因と阻害要因

ブレンダは当然ながら、何の変哲もない朝だったと答えた。２人はまったく同じ機会を与えられていながら、それに「気づいた」のはマーチンだけだったのだ。

図2は、セレンディピティ・トリガーに気づかない、点と点を結びつけない、最後までやりきる粘り強さがないなど、セレンディピティを逃す要因を分析している。

「予想外」へのオープンな姿勢は、運を引き寄せ、セレンディピティを経験するためのカギとなる。

マーチンのようなタイプが日ごろから運に恵まれるのにはさまざまな理由があるが、とりわけ最も重要なのが、予想外の状況を認識する能力があることだ。それによって予想外の状況が活用される可能性は高くなる。

予想外の状況自体の発生頻度が高いわけではなくとも、予想外の状況が起こると想定していることで、セレンディピティに気づきやすくなるのだ。それによって、周囲とまったく同じ状況を経験していても、運に恵まれやすくなる。

バイアス2　多数派への同調

アメリカ連邦最高裁判所（ＳＣＯＴＵＳ）の判決を予想する「ファンタジーＳＣＯＴＵＳ」というサイトがある。

研究者のダニエル・マーチン・カッツらは、このサイトで２０１１年以降、５０００人の一般市民が立てた60万個の予想をもとに、「群衆の英知」が連邦最高裁の判断を確実かつ正確に予測できることを示した。

大勢の予測者の立てた予想は、たった１人の予想より当たっている確率が高い。

行動科学者のジャーカー・デンレルとクリスティーナ・ファンの研究は、常識的な予想を立てる人ほど予測の精度が高いことを示している。つまりコンセンサスは正しい可能性が高い。

ただし、同調圧力はセレンディピティの芽を摘むこともある。それが予想外の出来事を無視あるいは軽視する姿勢につながったり、権力争いなど不健全な集団力学の原因になったりするものなら、なおさらだ。

集団は個人より優れた判断をするという説は、各人の判断の独立性が失われ、互いの影響を強く受けるようになると成り立たなくなる（企業の役員会はそうなっているケースが多い）。

こうした場合の意思決定の質は、独立した個人よりも低くなりがちだ。この群れの心理はセレンディピティを阻害する。だから**多数派の意見を無視することにはリスクがある一方、それに対して常に疑問を抱くことも重要だ**。

私たちは**「自己規制」**をしがちだ。自分の企画や発見が組織の文脈や既存の常識に合わないことを恐れ、その意見やアイデアを切り捨てたり、しまい込んだりする。

意見やアイデアを周囲と共有する場合でも、それが思いがけないところからもたらされたといった事実を打ち明けるのは躊躇《ちゅうちょ》する。厳密な立証プロセスを経ていないなどと批判されたり、周囲との関係に波風が立ってしまうのを防ぐためだ。

こうして、重要な発見の多くが、初めから目的を持って合理的に導き出されたものに仕立て上げられる。これが事後合理化という次の阻害要因だ。

バイアス3　事後合理化――後知恵の功罪

私たちはすでに起きたことを、どのように意味づけするのだろうか。専門家はそのプロセスを**「事後合理化」**と呼ぶ。

事後合理化とは過去に対するとらえ方だ。その影響とリスクを理解するために、まず私たちが未来をどうとらえるかについて考えてみよう。

複雑なシステムの予測は間違っていることが多い。少なくとも細部はたいてい間違っている。ただ、優れた予測者は、自らの予測の限界や、予測と結果にどれほど差異があるかをよくわかっている。

たとえば飲料や化粧品などの消費財の販売予測、映画の興行収入や企業の成長率などの予測の誤差率は50～70％に達することも多い。それは予測と実績に数百万ドルの開きがあることを意味する。

その原因は明らかだ。システムや状況の多くはあまりに複雑で、細部まで正確にモデル化できないからだ。

さらに厄介なことに、バタフライ効果（小さな変化が時間の経過とともに大きな影響を引き起こすこと）を予測することはおよそ不可能だ。

あらゆる計画は実質的には予測であり、達成しようとしている目標や結果、行動を示している。そこに職場の力学、避けられない失敗、予想外の出来事などを加味すると、最終結果はたいてい予測からはかけ離れたものになる。

予測や計画が成功の要因となることはめったにないというのも明らかになっている。経営学や経済学の主要な研究では、**成功の実に50％は、専門家の言う「説明のつかない分散」に起因するという**。

「説明のつかない分散」とは、経営学や経済学の教科書が従来注目してきた要因では説明できないということだ。

都合のいいストーリーを組み立てる後知恵バイアス

ここで重要なのは、私たちは過去の出来事をストーリーとして組み立てるときにも、予測と同じやり方をすることだ。モデルをつくり、細部や偶然性は無視してしまう。

未来の予測を立てるときにはそれでも仕方がない。細部までモデル化することはできないし、そもそも予測が不可能な出来事を予見することはできないからだ。

だが過去に対しても同じことをする正当な理由があるだろうか。

事後合理化は**「後知恵バイアス」**と密接なかかわりがある。後知恵バイアスとは、過去の出来事を実際よりも予測可能だったと考える傾向を指す。

過去に起きたランダムな出来事は、現在の時点ではもう予測不可能なものではない。にもかかわらず、**私たちは過去を語るとき、未来予測と同様に、それを過小評価したり、無視したり、あるいはむしろ、それが必然的に生じたかのように考えることもある。**

こうして私たちは、過去の時点では入手不可能だった情報を使い、都合よくすべてを説明できるようなストーリーを後からつくってしまう。物語のすべての要素は、他の要素とつじつまが合うように結びつけられてしまうのだ。

直線的なストーリーの落とし穴

そうやって、セレンディピティの痕跡を過去から消し去ってしまうと、それが再び起きたとき、見つけるのはかなり難しくなる。セレンディピティは単一の事象ではなくプロセスであること、またたいていはインキュベーション（孵化）に長い時間がかかることを考えればなおさらだ。

ほとんどの人は、セレンディピティが「始まった」時点までさかのぼって追跡する意欲も能力もない。代わりに目の前の事実に基づいて物事を理解しようとし、一面的なとらえ方しかしない。あるいは、実際に起きたこととはまるで違ったストーリーをつくってしまう。

わかりやすいストーリーには、未来に向けて力を注ぐべき対象がはっきりするなど、建設的な部分もある。しかし過去から学びたいのなら、**ストーリーは率直なものでなければならない。そして、しっかりと吟味され、再評価に対してオープンなものでなければならない。**

現実は「曲がりくねったストーリー」である

では、現実に物事が起こるパターンとは、どのようなものなのか。

私が共同創設者を務める「リーダーズ・オン・パーパス」でともに活動するリース・シャープは、過去20年にわたる大学での教育・研究活動を通じて、１０００個のパーパス・ドリブン（目的に導かれた）なアイデアとその発展を研究してきた。

そこから明らかになったのは、当事者が率直に振り返ったとき、**当初の計画は直線的ス**

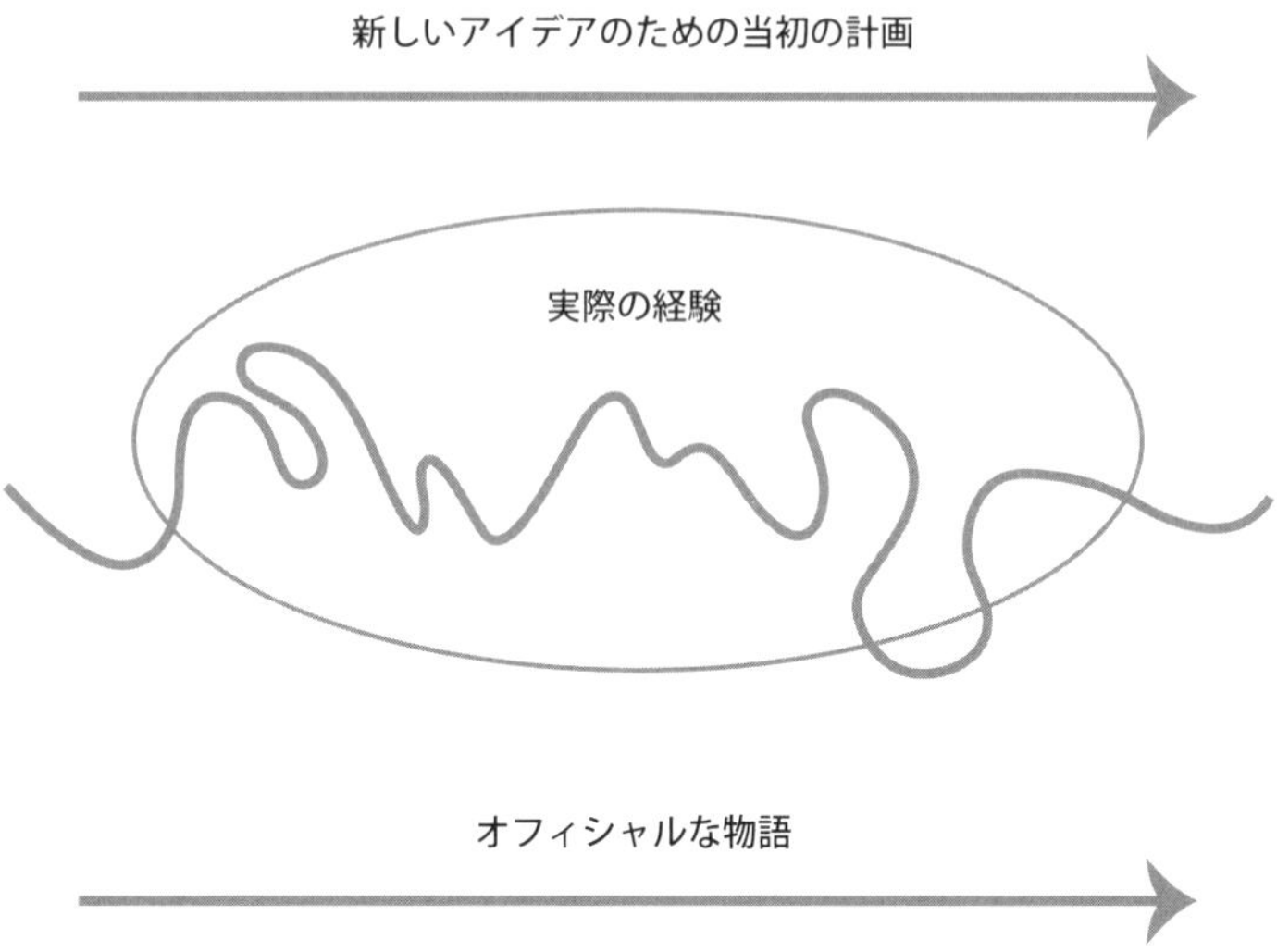

図3　現実は曲がりくねったストーリー（リース・シャープ提供）

トーリーであっても、その実行の過程は「曲がりくねったストーリー」になるということだ。

だがそれを後から語るときには、予想外のことなど起こらなかったかのようなストーリーになる（図3を参照）。私たちは紆余曲折を経て「たまたま」できあがった物語を、「計画的」なものとして語りたがるのだ。

バイアス４　機能的固定化

セレンディピティに関して言えば、知識や専門能力は両刃の剣となる。

専門知識は脳内できちんと整理され、利用しやすくなっている。専門知識があれば、他の人が見逃してしまうようなバイソシエーションや、つながりに気がつく可能性は高くなる。

一方、専門知識は**「機能的固定化」**にもつながりやすい。

これは、あるツールを日常的に使う人、あるいはそのツールが特定の方法で使われているのを見慣れている人は、それをまったく別の方法で使うのを想像するのに心理的ブロックがかかりやすいことをいう。

「金槌《かなづち》を持っている人にはすべてが釘に見える」という格言のとおりだ。

見慣れたツールをまったく新しい視点で見ようとする心理的機敏さ、あるいはオープンな姿勢は、セレンディピティ・マインドセットを習得するうえで欠かせないものだ。

この能力をわかりやすい形で伝えているのがアクション映画だ。

『００７』のジェームズ・ボンド、『トゥームレイダー』のララ・クロフト、『ジェイソン・ボーン』のジェイソン・ボーンのようなヒーローのことを思い出そう。

彼らが大勢の敵や銃に囲まれたとき、機転を利かせて図書館の入館証やヘアカーラーのような身のまわりにあるものを武器にして、敵を退治する場面を観たことがあるだろう。ハリウッドでは使い古された手法だが、もしこんな能力があり、思考法や問題解決にも応用できたらすばらしい。

逆に、問題を解決するのに特定の戦略を使い慣れている人は、もっとシンプルな方法が適しているときでも、それを使おうとしない傾向があることが研究で明らかになっている。何かをするとき、「なじみがあるから」という理由で、わざわざ込み入った方法を採ることがあるという人は多いのだ。

クリエイティビティは、身体的および心理的に使い慣れたツールを手放し、まったく新しい方法で取り組まなければならない状況に追い込まれたときに生まれる。クリエイティビティが最も高まるのは、いつもは使わない問題解決のアプローチを活用したときだ。

企業であれ個人であれ、自らが習熟していて、価値を生み出す源泉となる「コアコンピタンス」に誇りを持つのは当然だ。しかしそれが頑なさにつながらないように注意する必要がある。

ハリウッドのスーパーヒーローを見ればわかるように、機能的固定化を克服する能力は必ずしも先天的なものではない。意識的に実践し、訓練を積めば身につけられる。**いつもと違う状況や初めての経験は、訓練の絶好の機会だ。**それは認知的柔軟性を高め、機能的固定化を乗り越えるのに役立つ。

セレンディピティと運やカオスとの違い

ここに挙げたような先入観やバイアスを完全に排除するのは難しい。またそれらが存在するのには、もっともな理由もある。

ただ、完全な排除はできないにしても、その影響を和らげ、別の考えを受け入れる余地を意識的に生み出す努力はできる。

内なるバイアスに抗い、慣れ親しんだモデルやツールにとらわれないようにすることは、すべてをカオスと運に任せるということではない。

単純なストーリーや誤ったパターンにとらわれず、人やアイデアが本当はどのようなプロセスを経て発達してきたか（またその根底にある真のパターンとはどのようなものか）をしっかり吟味すれば、セレンディピティが非常に大きな役割を果たしていることがわかるはずだ。

それ以上に重要なのは、**セレンディピティはカオスや純粋な運とはまったく異なり、独自の形式や構造があるということだ。**それは私たちが影響を及ぼすことのできるプロセスだ。

私や同僚の研究や経験、それを化学、図書館学、神経科学、社会学、心理学、科学哲学、経済学、経営科学、さらには芸術分野の知見と組み合わせると、セレンディピティが生まれる背景には、いくつか明確なパターンがあることがはっきりしてくる。

次章からはこうした現実のパターンを掘り下げ、セレンディピティ・マインドセットが人生や企業経営に役立つ思考法であることを見ていこう。

まとめ

本章では、予想外の要因を過小評価する、起きた事象を事後合理化するなど、セレンディピティの阻害要因となる主要なバイアスを見てきた。

こうしたバイアスは、予想外を意識的に見ようとすること、意思決定のプロセスをよく知り、きちんとそれを評価することなどによって克服しうる。

内なるバイアスや先入観を抱えて生きていることを自覚し、うまくコントロールすることが、そのための地ならしとなる。

次のステップは、オープンな思考とはどのようなものかを理解することだ。ただその前に、脳内のガラクタを片づけ、バイアスを克服し、セレンディピティ力を高めるための簡単なエクササイズを見ていこう。

やってみよう　日記をつけて振り返ろう

まずセレンディピティ日記をつけるところから始めてほしい。

1　ここ6カ月のあなたの人生をじっくり振り返ってみよう。その間に経験した最も重要な３つのセレンディピティは何か。３つの共通点は何か。そこから学べることは何かあるか。

2　あなたが経験した幸運な出会いやそれに付随するアイデアで、ワクワクしたものの、その後フォローアップしなかったものを書き出してみよう（時間がかかるかもしれないが、焦る必要はない）。

リストを作成したら、信頼できる知り合いに「フィルター」役を果たしてもらい、さらに深く追求すべき項目を一緒に選ぼう。お気に入りを選び、一晩時間を置く。朝起きてもまだそのアイデアのことを考えるとワクワクするようなら、その分野のキーパーソンと連絡をとり、アイデアを実現する方法を議論しよう。怖じ気づいてはいけない。きっと良い結果につながる。

3 毎日のルーチンとなっている活動を振り返ってみよう。特に重要なのが会議だ。本当に必要なものはどれか。今かけているほどの時間を、本当にかけるべきだろうか。あなたに権限があるなら、会議のあり方を変えられるだろうか。

4 あなたが下した重要な判断を詳しく見ていこう。その判断に至った理由、その時点で持っていた関連情報は何だったか。

「どのような前提や認識に基づいてこの判断を下したのか」「どんな要因があれば、判断は変わってくるか」と自問し、答えを書き留める。

自分の判断に後悔が生じるたびに、あるいは本当は最初から何か別の事実を知っていたと（後から）思うことがあれば、ノートを読み返してみよう。

セレンディピティを呼び込むコツ

● 誰かにアドバイスを与えるときは、自分にとってうまくいった方法を伝えようとするのはやめよう。その人の置かれた状況が自分とまったく同じということはあり得ないからだ。

代わりにアドバイスを求めてきた人に「あなたは直感的にどう思っている？」あるいは「あなたの問題を解決するには何が必要？」と尋ねてみよう。

あなたが与えられる最高のアドバイスはたいてい、相手の心の中や置かれた状況にすでに存在している。

● 誰かから2つの選択肢がある話を聞いたとき、あるいはあなた自身がそんな話をするときは、こう自問してみよう。

「もう一方の選択肢を選んでいたら、どうなっていただろう」「同じ選択肢でも、その後採った行動が違っていたらどうだろう」と。

異なるシナリオを考えることは、実際の状況や、それがどれくらい起こりやすいことだったか、あるいは起こりにくいことだったか判断するのに役立つ。

●重要な結果については、「どうしてこうなったのか」と自問しよう。メールなどの記録を読み返し、関係者の考えも踏まえて本当のストーリーを再構成してみよう。そこから何を学べるだろうか。特定のトリガーポイントがあったのだろうか。縁の下の力持ち的な誰かが、点と点をつないでくれたのだろうか。

第3章

「リフレーミング」で感度を高める

セレンディピティ・マインドセットのある人は、生まれつき他の人より運に恵まれているわけではない。さまざまな方法で運を育てているのだ。**世界のとらえ方が異なるというのも、その1つだ**。

イギリスの研究者たちが、心疾患の治療法を研究し始めたときのエピソードを紹介しよう。彼らには、患者の男性器のことなどまるで念頭になかった。

だが狭心症の治療に役立つと期待されていた新薬「シルデナフィル」は、男性患者に別の効果をもたらした。勃起である。これは研究チームにとって予想もしないことだった。

こんな状況に直面したら、ふつうの人はどう反応するだろう。おそらく治療薬のちょっと恥ずかしい副作用として受け入れるのではないか。

あるいは単に無視したり、このような意図せざる副作用を引き起こさない別の狭心症治療薬を開発しようとするかもしれない。

だがこの研究チームはそうしなかった。勃起不全の治療薬を開発するチャンスととらえた。こうして誕生したのがバイアグラだ。研究者らが点と点をつなぎ、歴史的発明が生まれたのだ。

あなたには世界はどう見えるか

生化学者のルイ・パスツールは**「幸運は備えある者のみに訪れる」**と語ったとされる。あながち的外れではないだろう。

認知科学や経営学の研究では、予想外の事態に気づくか否かのカギを握るのは注意力、つまり「感度」であることが明らかになっている。**意識して探してはいなかったことに気づき、その過程でそれまで見逃していた機会を認識できるかが問題なのだ。**

たとえばチョコレートチップ・クッキーを発明したのは、ルース・グレーブス・ウェイクフィールドという主婦だ。当たり前のクッキーを焼くつもりが、手違いでチョコレートチップを入れてしまい、それが一大産業誕生のきっかけとなった。

観察力や注意力を高めると、世界の見え方、日々の経験ががらりと変わることもある。**世界をどう見て、どう理解するか、つまり世界をどのような「枠組み（フレーム）」でとらえるかは、いくつもの点を見つけ、結びつける能力を決定づける重要な要素だ。**

感度が低く、重要な意味を持つイレギュラーな出来事やアイデアに気づく心の準備ができていなければどうなるか。セレンディピティのチャンスを逃すだけではない。身のまわりの世界に対する認識そのものが、後ろ向きになっていく。

あなたにとって世界は障害でいっぱいだろうか。それとも機会にあふれているだろうか。さまざまな制約があることを、物事がうまくいかない口実に使っていないだろうか。どれほど困難な状況にあっても、人生に喜び、ときめき、成功をもたらす可能性を秘めたセレンディピティの機会に絶えず注意を払っているだろうか。

誰もが「枠組み」にとらわれている

ここ10年、私はさまざまな研究者とともに、リソース（資源）に制約のある環境を研究してきた。資金もなければ、世間で認められるようなスキルもない状況だ。

その過程で、明らかな環境的制約があるにもかかわらず、自ら積極的に幸運を生み出している多くの人と出会うことができた（彼らと、世界中の成功者との共通点の多さには驚かされる）。

そうした人物の1人がユサフ・セサンガだ。ウガンダで生まれ育ち、国民の大半が貧困ライン以下で暮らすタンザニアに10代後半で移った。西側先進国の基準に照らせば、ユサフは物理的豊かさや人生の展望という点で、かなり厳しい状況に置かれていたことになる。タンザニアには、西洋の工業国から善意の人々（通常は白人）が次々にやってきて、「何が必要ですか」「どうすれば助けてあげられますか」と尋ねてくる。

これによってユサフのコミュニティは、**有無を言わさず「支援を受ける側」、悪く言えば受動的で無力な環境の被害者という枠組み（フレーム）でとらえられる。**

これはコミュニティの人々の起業家精神に冷や水を浴びせ、施し文化を助長する。残念ながら欧米の非政府組織のなかには、いまだにこのやり方を続けているところもある。

他者から押しつけられる「枠組み」もある

このような「フレーミング」を劇的に変えたのが、南アフリカのソーシャル・ベンチャーである「リコンストラクテッド・リビングラボ（人生再建ラボ、Rラボ）」だ。

Rラボは、自分たちにはリソースがないという見方に疑問を抱き、それまで見過ごされていた、あるいは過小評価されていたリソースに目を向けた。たとえば元ドラッグ密売人が持つノウハウなどだ。

そうしたリソースを活用することで、運命を再定義した。**運命は地域の人々に「降りかかる」ものではなく、自ら生み出すものとしたのだ。**オンライン、オフラインでの数多くの会議や研修を通じて、この手法は広がっていった。

Rラボのサポートを受けたユサフのチームは今、見過ごされている地域の強みや人材に注目し、その活用方法を考えるようになった。

これは単にビジネスに役立つアプローチというだけでなく、新しい生き方を提示する試みだと私は思った。

ユサフが問題だと感じたのは、外部のパートナーは地域の「ニーズ」ばかりを知りたがり、地域の強みを説明すると途端に援助資金を出そうとしなくなることだ。

だから**援助を受ける側は、欠乏だらけのコミュニティだというイメージを伝えるようになり、自らも「それを信じるようになる」**。

Rラボの薫陶《くんとう》を受けたユサフらは、それをやめた。新たな視点に立ったとき、世界はまるで違って見えたという。

リソースの制約は社会的につくられる側面もあると発想を切り換え、ユサフは自らの運命と運を主体的に生み出そうとするようになった。今では「しょっちゅう」セレンディピティを経験するという。

プロジェクトを一緒に運営してくれる新たなパートナーとの偶然の出会いなどがその例だ。

リフレーミングの力で「見えない橋」が見える

Rラボは特異な例に思えるかもしれないが、私たちの研究では、ロンドンのウエイターやヨーロッパの画家、アメリカのフォーチュン500企業のCEOにまで同じようなパターンが確認されている。

世界を見る枠組みを変える「リフレーミング」は、私たちの人生、さまざまな研修プログラム、事業支援、ベンチャーのインキュベーション、あるいは会社経営など、あらゆる分野に応用できる。

自分たちに足りないリソースにばかり目を向けるのをやめ、個人の能力を引き出し、尊

厳を感じさせるように努めれば、これまでただ援助を求めるだけだった人や、予算ばかり気にしていた従業員が発奮し、自ら幸運をつくり出すようになるかもしれない。

リフレーミングによって、私たちは実現可能な出来事や状況を思い浮かべることができるようになる。そして自分にはそれに向けて行動する力がある、トリガーを発見して点と点をつなぐ力があると考えるようになる。

それがセレンディピティを生み出すのに役立つのだ。

ここでカギを握るのは、思考や行動の変化だ。

チャンスがはっきりと姿を現してくれるのをただ待つことをやめ、自分の心をオープンにして、既存のテンプレートや枠組みから解き放てば、機会は身のまわりにあふれていることに気づくはずだ。

構造や制約を当たり前のものとして受け入れるのをやめたとき、私たちは世界をそれまでとはまったく違う目で見るようになる。他の人々には断絶しか見えないところに、橋が見えてくる。

受け止め方次第でその後が変わる

ではどうすれば日々の生活のなかで、それを実践できるようになるだろう。

そのプロセスは通常、行動をわずかに変えるところから始まる。たとえば、あらゆる状況を問題としてではなく、学習の機会としてとらえるといったことだ。

私もそうだが、たいていの人は、これまでの人生で、発生当時は危機だと思ったが、それが今の自分の支柱になっているという状況を経験したことがあるだろう。

その状況を否定的な足かせととらえるか、あるいはそれをテコに何ができるかという可能性に注目できるか、試されていたのだ。

私は今でも、自分にとって人生最悪の判断をしたときのことをはっきりと覚えている。私はある組織の共同創設者だったが、仲間の反対を押し切って、その組織への追加出資を受け入れた。

当時、私の理性はゴーサインを出していた。組織は財政的にも戦略的にも追い詰められており、書類上は投資家からの出資を受け入れるしか存続の道はないように思えた。

だが、私の直感は思いとどまれと叫んでいた。出資を受けた当初はうまくいったが、結局、投資家と経営陣の思惑が一致していなかったことが明らかになり、こじれた末に投資家とは袂《たもと》を分かつことになった。

出資を受けるなんてうまくいかない、と初めから思っていた仲間の共同創設者たちには、不要な苦労をかけることになった。

その後しばらく、私は自らの判断ミスにとらわれていた。モヤモヤした気持ちと折り合いがつけられず、この件について仲間と話し合うこともできなかった。

「金銭的損得ではなく、正しいと思ったことをする」という、自分が一番大切にしている信条を、必ずしも実践できていないことを痛感させられた経験だった。

今でもあの判断を肯定できないし、もう一度やり直せるとしたら、違う判断をするだろう（後知恵バイアスを抜きにしても）。

当時は私自身と組織の存在を揺るがすような事態だと思ったが、**最終的にはすばらしい学習の機会となった**。同じような判断を迫られた人の気持ちがよくわかるようになったし、白黒はっきりした判断などないことも知った。

私は、世界をそれまでと違う「枠組み」で見られるようになった。

悪いことが起きたときには長い目で見る

自分が判断を誤ったと考え続ければ、それは永遠に判断ミスのままだ。今では危機に直面すると、あのときのことを思い出し、できるかぎり情報を集めたうえで最後は「情報に基づく直感」を信じるようにしている。

それによって、当初はうまくいくと思えなくても、いずれどうにかなるという安心感が出てくる。また自分の判断に影響を与えている要素は何かを理解できるし、自分の不安や願望をはっきりわかっていないと、他人の影響を受けやすくなることも自覚できる。

「悪いことが起きたときには、長い目で見よ」と言ったのはリチャード・ワイズマンだ。**人生においてとりわけ困難な状況には、たいてい大きな価値がある。**

私は今、そうした状況に直面するたびにこう自問する。「これは10年後にも本当に重要なことと思えるだろうか。重要ではないなら、なぜ心配するのか。逆に重要だとすれば、これを貴重な学習の機会とするために、今できることは何だろう」と。

私はくじけそうになると、スクール・オブ・ザ・デジタルエイジ（ＳＯＤＡ）創設者のグレース・グールドから教えてもらった言葉を思い出す。

グレースはジョン・レノンの有名な言葉をこんな風に言い換えていた。「物事はたいてい最後にはうまくいく。うまくいっていないなら、まだ最後ではないということだ」。

一方、リチャード・ワイズマンが勧めるのは反事実的思考、つまり**他にはどのような可能性があったか考えてみること**だ。

私はティーンエイジャーのときに起こした例の交通事故で奇跡的に助かったが、もしかしたら、身体に障害を負っていたか、命を落としていたかもしれなかった。

また共同創設者となった組織が追加出資を受け入れていなければ、財政的に破綻していたかもしれない。このように考えるのが反事実的思考だ。

幸運な人と不幸な人、それぞれの見方

ワイズマンの研究チームは興味深い実験をしている。自らを「幸運」あるいは「不運」と考える人々に、次のようなシナリオを提示した。

「あなたが銀行に行ったら、武装した強盗が入ってきて肩を撃たれた。軽い傷を負ったが、逃げることができた」。

自分を不運だと思っている人は、この状況を「自分の身に起こりがちなこと」ととらえ

る。人生で数ある不運な出来事がもう1つ増えただけだ、と。

一方、自分を幸運だと思っている人は「撃たれて死んでいたかもしれない」「銃弾が頭に当たっていたかもしれない」など、もっと悪い状況になっていたかもしれないというとらえ方をする。

つまり、幸運な人は、もっと悪い状況になっていたかもしれないという方向で反事実的思考をする。一方、不運な人は「こうだったら良かったのに」、あるいは「私の人生はこんなもの」というとらえ方をする。

要は、**幸運な人は自らを不運な人（たとえば銀行強盗に殺された人など）と比べる**のに対し、**不運な人は自分より幸運な人（まったくケガをしなかった人）と比べる**傾向があるのだ。

これが思考の悪循環、あるいは好循環につながる。不運な人は自分を幸運な人と比べることで、わざわざみじめな気分になる。一方、幸運な人は不運な人と自分を比べ、自らの不運をそれほどひどいものではないと考える。

さて、どちらのほうが人生においてセレンディピティを見つけやすいだろうか。

ワイズマンの実験は、不運な人は運を良くしようと効果のない方法に頼る傾向があることも示している。たとえば迷信に頼ったり、占い師に相談にいくといったことだ。

一方、幸運な人は状況を把握し、そこから何かを学ぶために問題の根本原因を突き止めようとする。これは言葉遣いにも表れる。

「こんな目に遭った」という人は、物事を受け身的にとらえている。運不運を甘んじて受け入れるだけになる。だが**自分がコントロールできる要素に意識を集中すれば、主体的に運に関与できるようになる。**

他の人のアイデアを発展させよう

あらゆる状況、とりわけあらゆる会話を、セレンディピティを経験する機会としてとらえるには、意識して取り組む必要がある。

たとえば誰かの話を聞くときには、その内容がわずかでも自分の、あるいは他の誰かの関心と重なっていないか考える。**他の人のアイデアと「競い合う」のではなく、それを発展させようとすれば、自分や周囲のために点と点をつなぐ能力が鍛えられる。**

シャー・ワズムンド・ムベの例を見てみよう。事業家として成功し、ベストセラー書籍も出版している。貧しい家庭で育ち、ＬＳＥ在学中はマクドナルドで生活費を稼いだ。

そんななか雑誌のコンテストで優勝し、イギリスのボクシング世界チャンピオン、クリス・ユーバンクにインタビューする機会を得た。

インタビューで2人はすっかり意気投合し、驚いたことにユーバンクはワズムンドに自分のＰＲ担当の仕事をオファーした。ワズムンドは、ボクシングのＰＲの経験などゼロであったにもかかわらず、その申し出を受け、すばらしい成功を収めた。

ワズムンドはその後、独立してロンドンでＰＲ会社を立ち上げ、ダイソンの掃除機の発売キャンペーンなどさまざまなＰＲを手がけた。

私は研究を通じて、多くの成功者がこのようなセレンディピティを経験していることを学んできた。

何らかの目的を持ってある場所へ出かけていくが（ワズムンドの場合は記事執筆のためにチャンピオンにインタビューすること）、予想外の展開にもオープンだった。

セレンディピティが起こるのは、多くがこのような状況だ。そしてたいていの場合、私たちのために点と点をつないでくれるのは、他の誰かである。

「北極星」があると成功につながりやすい

とはいえ、自分が何を求めているのかを何となくでもわかっているほうが、点はつながりやすい。

私たちがＬＳＥ、ＮＹＵ（ニューヨーク大学）、リーダーズ・オン・パーパスで実施した研究では、成功している個人や組織には、軸となるような壮大な野心、強い意欲、信念、あるいは「指針となる考え方」がある。

それを「北極星」と呼んでもいいだろう。**置かれた状況のなかで意識的あるいは無意識的に指針にするような点、原則、あるいは理念である。**

北極星は、必要不可欠だが、一挙手一投足を指示するような詳細な手引きではない。それは方向性を示すものだ。

社会問題の解決を目指すベネフィット・コーポレーション［訳注：利益だけでなく、社会問題の解決も目指す企業形態］、イマジンの共同創設者であるポール・ポルマンは、かつてユニリーバのＣＥＯとして、社会にインパクトを与えることを目標とする会社へと同社を方向転換させた人物だ。

企業経営だけでなく気候変動、貧困、持続可能性などさまざまな問題に関心があるポルマンは、会話のなかで思いがけず生まれたプロジェクトにすぐに取り組むことも多く、周囲からは節操がないと思われることもあるという。

だが実はポルマンは非常に意識的に行動している。さまざまなプロジェクトに手を出すが、**そこには常に明確な意図があり、本気で取り組む原動力となっている。**

ポルマンは人生を通じて、自分ではどうにもできない苦境にある人々の支援に情熱を燃やしてきた。若い頃は医者か牧師になってそれを実践しようとしていた。ところがセレンディピティが重なり、企業経営がその手段となった。ポルマンは自ら機会を生み出し、それをしっかりと追求してきたのだ。

即興でもたいていはうまくいく

組織やリーダーを支持する人々は、責任ある立場の人が確信を持って任務に当たっていると信じ、そこに心理的な安心感を抱いている。

しかし誰よりも権力があり、成功していて、一見すべてをコントロールしているように見える人でも、グラスワインを1、2杯飲めば、**自分の行動に常に確信があるわけではないと白状することが多い。**

それなのになぜ、人生や会社はとんでもない事態に陥らないのか。即興で行動している人が常に一定数いるとすれば、社会そのものが車輪の外れたバスのようにならないのだろうか。

意外に思うかもしれないが、すべてをコントロールできていないというのは必ずしも悪いことではない。**本人に適切なマインドセットがあれば、すなわち予想外の変化に合わせて修正していくことができれば、即興で対応することに何の問題もなく、たいていはうまくいく。**

私たちは内心どれだけ焦っていても、自分には十分な能力があるというふりをする。誰もがときとして自分はペテン師ではないか、「偽者」だと露見してしまうのではないか、という不安にさいなまれる。

医師はもちろん、常に確信を持って治療に当たっているはずだ。パイロットは常にフライトをコントロールできているはずだ。

しかし科学的調査やさまざまな事例は、航空や医療といった白黒のはっきりした分野、誰もが１００％の確信を持って任務に当たっているはずの分野でさえ、ときには即興に頼らざるを得ない場面が出てくることを示している。

むしろ専門家を含めて誰もが、ここぞという場面で即興を強いられる可能性が高い。

医師やパイロットが即興で乗り切らなければならないのは、外科手術中に前例のない緊急事態が発生したとき、あるいは低い高度で飛んでいる旅客機で複数のエンジンが同時に故障したときだ。このような場面こそ、優秀さととっさの判断力が最も試される。

「ハドソン川の奇跡」の背景

最たる例が2009年、USエアウェイズ1549便の機長だったチェズレイ・サレンバーガーが、離陸からほんの数分後に両エンジンが停止した機体を、ニューヨークのハドソン川に無事不時着させた一件だ。

両エンジンが停止したときの標準的な対処法は、最寄りの空港まで機体を滑空させることだ。しかしそれは航空機がその時の1549便よりはるかに高い高度に達していることを前提としていた。

管制官は最寄りの滑走路に向かうことを提案したが、サレンバーガーはその時点の高度と速度ではうまくいかないと即座に、そして正しく判断した。滑走路には到達できない。そこでハドソン川に不時着することを選び、乗客約150人と乗員の命を救った。

知識や経験が重要ではないと言うつもりは毛頭ない。サレンバーガー自身も、不時着に成功したのは長年の経験のおかげだと語っている。経験という名の銀行に少しずつお金を預けておいたので、必要なときに一気に引き出すことができたのだ、と。

長年にわたる経験と研ぎ澄まされた直感が、慣例にとらわれない打開策を生み、サレンバーガーを21世紀のヒーローにした。

ほとんどの人は、このような劇的な状況で、これほどリスクの伴う決断を迫られることはないだろう。だがもう少しささやかなレベルではあるが、すべてをコントロールしているように見える人を含めて、誰もが常に同じような場面に直面している。

本当に危険なのは、機転を利かせて対応するときではなく、すべてが平常どおりであるかのように、型にはまった対応に固執するときだ。

自信や自負は野心を追求するのに役立ち、キャリアの成功につながることも多い。しかし強すぎる自我、あるいは自己認識や状況判断の不足は危険だ。既存のモデルやテンプレートを盲信していると、リスクを認識し、予想外に備えることができない可能性がある。

私はハーバード大学、リーダーズ・オン・パーパス、世界銀行の研究者とともに、世界で最も成功している31人のCEOに対するインタビュー調査をした。そこでは、対象者全員が未来を予測することはおろか、完全にコントロールすることもできないとはっきりと認識していることが明らかになった。

たとえば食品メーカー、ダノンCEOのエマニュエル・ファベールは、緻密な計画よりも、ビジョンや臨機応変な対応のほうを頼りにすると打ち明けている。その理由は世界の変化があまりに早く、計画づくりに手をかけすぎても意味がないからだ。

ただし、**組織がどこに向かっているかを明確にするためにはビジョンが必要だ。**私たちがインタビューしたリーダーたちは、緻密な計画を立てるより、強力だが修正の余地のある「北極星」を示し、組織を引っ張っていくことが多かった。

そして、その枠組みのなかで、部下がそれぞれ意思決定を下せるようにしていた。

しかも強さのなかに弱さも見せていた。明確なビジョンやエネルギッシュな姿を見せつつ、自らの限界も隠そうとしなかった。

それが周囲の支持を高める結果につながっていたのは、一般的に人は、共感できるリーダーを信頼する傾向があるからだ。

点と点をつなぎやすくする会話とは

あなたは誰かから、自分にはおよそ縁のなさそうな新たな仕事を紹介されたことはないだろうか。その時点では、今の仕事に満足しているのだから、新しい分野で新しい仕事に就く気などまったくないと思ったかもしれない。

だが数週間後、人生に変化が訪れ、何か新しいものにチャレンジしてみようかという気分になる。そこで数週間前の会話を思い出し、あの仕事こそまさに自分が求めているものだと気づいたとしよう。

もし、その話をしたディナーの席で、あなたが相手の話に耳を傾けず、「自分には関係のないこと」だと聞き流し、目の前のラザニアには何が入っているのだろうなどと考えていたら、チャンスを逃していたかもしれない。


好奇心、そしてそれ以上に、自分が求めていない情報や出来事に対してオープンな姿勢でいることは、セレンディピティを経験する可能性を劇的に高める。


今の話は、あなたはまったく関心のない仕事への転職を勧められ、それこそ今の自分に必要な仕事だと、数週間後に気づいたというシナリオだった。

だがもし、ディナーの時点で、自分に正しい問いを投げかけていれば、もっと早く気づきを得られたかもしれない。

たとえば「なぜこの人はこの仕事が自分に合うと思うのだろう」「自分では気づいていなかったけれど、今の仕事に問題あるいは不満があることを、相手は気づいていたのだろうか」といった問いだ。

一見退屈でどうでもいいような会話も、正しい問いを投げかけることで一変する場合もある。

イベントで退屈な相手に話しかけてしまい、つかまったと文句を言う人はあまりに多い。

相手は「実のある話」をしなかった、自分と何ひとつ共通点はなかった、などと言うのだ。

だが相手にダメ出しをする前に、**会話をもっと刺激的なものに変えるかもしれない質問をしてみるのはどうだろうか**。

ここ15年、私はグローバルなネットワーク作りや各地のコミュニティのために、世界中で何百回と夕食会を開いてきた。

そうした場面では、参加者に心を開いてもらうため、自己紹介の質問に工夫を凝らす。というのも刺激的な会話は通常、参加者が本当の自分を見せても良いのだと感じたときに生まれるからだ。

安心できる環境で、本当の自分、そして「なりたい自分」を見せられることが重要なのだ。

今向き合っている課題を話してみよう

会話の糸口として有効な方法の1つは、自己紹介のときに仕事上の肩書ではなく、**現在の心境、ワクワクすること、今直面している課題について語ってもらうことだ**。

参加者が「今、こんなふうに自分を変えようとしていて……」と語り始めると、たいてい、今同じような課題に直面している、あるいは同じような目標に向けて努力しているという人が出てくる。

こんな具合にさまざまな経験が共有され、交錯することで、新たな発想や解決策、ときには新たな課題が見つかる。

それぞれが人生で直面している重要な問題について語り合うと、所属する業界や文化がまるで違っても、互いに多くの共通点があることに気づかされる。

「本当に？　すごい偶然だ。私も同じような問題でずっと悩んできたんだ」という発言がたくさん出てくる。

「愛する人を失って途方に暮れている」と打ち明ければ、おそらく同じようにつらい経験をしたことを話し、解決のヒントを与えてくれる人がいるだろう。

人生を立て直すのに役立ったスピリチュアルな習慣、あるいは有能なカウンセラーを紹介してくれるかもしれない。すばらしい偶然ではないか。

誰もが自分の悩みは自分に固有のものだと思っている。だが実際には、自分とは全然違うと思っていた人とも多くの共通点がある。バイソシエーションが起こりやすい、つまり点と点がつながりやすいような会話をしかければ、セレンディピティが起こる可能性は高まる。

セレンディピティが誰かの人生を大きく変えるのは、その人が心から大切に思っているテーマで点と点がつながったときだ。

初対面の相手に「何の仕事をしているのですか」と尋ねるのは、相手が自らについて語る余地を大きく狭めてしまう。相手は狭い箱に閉じ込められてしまったような気分になるかもしれない。話がつまらなくなるのも当然だろう。

それよりも、**何にやりがいを感じているかを相手が語り出せるような、オープンな質問**のほうがずっといい。

「お仕事は?」といった表面的事実を尋ねるのではなく、その背後にある理由、動機、課題などを尋ねる質問を選ぶことで、興味深い話題や予想外のつながりを発見できる可能性は高くなる。

もしあなたが「何の仕事をしているのですか」という質問をされたら、予想外の返答をしてみたらどうだろう。**「現実的な答えと哲学的な答え、どちらをお好みですか?」**とか(言うまでもないが、両パターンの答えを用意しておいたほうがいい)。

あなたがセレンディピティの起こるチャンスを広げたいなら、生き生きとした会話を生み出す能力はとても大切だ。しかもそれは習得可能なスキルだ。

「なぜ？」という問いかけが持つ力

他の人の答えや会話の幅を狭めるのは避けたい。それと同じように、**問題やニーズを限定的にとらえるのも避けるべきだ**。というのも、それが解決策の範囲も限定してしまうからだ。

イノベーションを研究するエリック・フォン・ヒッペル、ゲオルク・フォン・クローがこのテーマを詳しく調べている。注目しているのは、組織における議論のあり方だ。プロダクトマネージャーに「どうやってコストを削減すべきか」と尋ねれば、人員削減や、安価な原材料への切り替えという提案が返ってくる。だが彼らには、本当はもっと価値のある提案ができたかもしれない。

もし、「この製品の利益率はちょっと低いね。何か良いアイデアはない？」という聞き方をしていたら、同じマネージャーの答えはもっと発展的なものになっていたかもしれない。

たとえば、逆にもっと高価で質のいい材料を使い、販売価格を引き上げることで利益率を高められるかもしれない、といったことだ。あるいは製造プロセスや製品をもっと効率的なものに転換すればいいというアイデアが出てくるかもしれない。

ある問題について考えるとき、表面的な検討に終始せず、より多くの情報を集め、根本原因は何かと深く追求していくと、解決策の候補が驚くほどたくさん見つかる。

それはセレンディピティが起こる機会を広げることにもつながる。

「なぜ?」はオープンエンド(自由回答形式)な問いの最たるものだ。それは過去何千年にわたって科学的発見の原動力となってきた。

子供が頻繁に尋ね、大人が答えに窮する質問でもある。

「なぜ?」という疑問を持たなければ、表に現れた症状だけを治療し、根底にある問題を解決せずに終わってしまいがちだ。「なぜ」をさまざまな視点から検証すると、新たな発想、そしてセレンディピティにつながる連想につながりやすい。

豊田自動織機の創業者の豊田佐吉(のちに世界最大の自動車メーカーに発展する自動車部門を創設したのは息子の豊田喜一郎である)は、**「5つのなぜ」**という概念を生み出した人物でもある。世界は佐吉の時代から大きな進歩を遂げ、概念として多少時代遅れになった部分もあるが、その根本原理には今も価値がある。

何か問題に直面したら、必ず5回「なぜ?」と繰り返さなければならない、それによってあらゆる問題の根本原因に到達できるはずだ、と佐吉は説いた。

問いを繰り返すたびに問題を深く掘り下げていき、最後のほうで、根本原因ひいては解決策が明らかになる。

これは仕事から恋愛まで、人生のあらゆる領域に有効なアプローチだ。たとえば夫婦関係が悪化したとき、その原因は直前に発覚した不倫だと思うかもしれない。だが不倫の原因を掘り下げていくと、寂しかったなど、より根深い（根本）原因に行きつくかもしれない。

問題を細分化して明確にすることの罠

私たちは問題に取り組むとき、たいていは直線的に考える。

あなたがしつこい頭痛に悩まされているとしよう。即効性のある解決策（頭痛薬を飲む）はあるが、かかりつけ医は治療すべき根深い原因がないか検査したいと言うだろう。医療のような分野には、根本原因を調べるための明確な手順がある。本当の問題は頭痛そのものではなく、それを引き起こしている感染症かもしれない。

そこで医師は豊田佐吉が示した「５つのなぜ」に似た方法を使って、根本原因は何か掘り下げていく。真の原因がわかり、解決されれば、症状（このケースではしつこい頭痛）

もたいていは解消する。

医師の「探索戦略」は、まず原因として考えられることをすべて挙げていくところから始まる。たとえば頭痛以外の症状はないか、最近頭をぶつけたことはないか、毎晩の飲酒量に問題はないかといった問診をする。

質問の答えに応じて、分析はさらに深くなっていき、最も可能性の高そうな解決策に行きつくが、それが常に正解とは限らない。

これはさまざまな選択肢を絞り込んでいって解決策に到達する、典型的な「ファネル（じょうご）」アプローチだ。個人や企業が問題に取り組む際の最も一般的な方法だ。

マーケティング部門が市場にギャップ（隙間）、すなわち既存の製品では満たされていない消費者ニーズがあることに気づいたとする。

そこで「このニーズを満たすものは何か」を定義した「プロブレム・ステートメント」が作成される。それから問題は開発担当に送られ、開発担当は会社のためにこのニーズを満たす（はずの）製品をつくる。

明確なプロブレム・ステートメントは、明確な目標やフォーカス、さらには関連する評価指標やインセンティブを設定するのに役立つ。また任務を別のチーム、たとえば問題解決のための独立部隊などに移管することが可能になる。そうすると、何か問題を解決したような気分が味わえる。

ただすべての問題がこれほど簡単に解決できるわけではない。アメリカの碩学《せきがく》、ハーバート・サイモンは問題を大きく2つに類型化した。**「構造化された問題」**と**「構造化されていない問題」**だ。

「問題解決」をゼロベースで見直してみる

構造化された問題とは、輪郭のはっきりした問題であり、アルゴリズムやさきほどの頭痛の例で示したような明確な手順によって解決できる。

こうした手法は構造化された問題には非常に有効だが、(少なくとも最初のうちは)明確に定義できない、構造化されていない問題には最適ではないことが多い。

しかもセレンディピティを抑制するおそれがある。

近年の経営学、図書館学、神経科学、心理学の研究からは、目標をかっちり決めすぎるとセレンディピティが抑えられ、反対に壮大な目標はセレンディピティの起こる可能性を高めることが明らかになっている。

ある実験では、被験者に電子書籍リーダーを渡した。一部の被験者には、それで特定の情報を探すという具体的な課題を与えた。他の被験者には何も課題を与えなかった。結果は歴然としていた。

最初のグループでは多くの人が探していた情報を見つけたが、2番目のグループのほうが電子書籍リーダーを使って積極的に探究し、探してもいなかった多種多様なおもしろい情報をたくさん見つけた。

他の実験では、細かな指示を出されたグループは、広い視野で問題を見ているグループと比べて、予想外の事態を受け入れようとしない傾向があることがわかった。

被験者（あるいは問題）を型に押し込めようとせず、予想外を許容するほど、思いがけない好ましい結果が生まれやすいことも明らかになっている。

たとえば開発援助の関心が「食料不足」だけに集中すると、本来であれば栄養問題全体に意識を向けるべきなのに、バランスの悪い食料生産を推進することにつながったりする。

傑出した学生とふつうの学生の違い

これは他のさまざまな分野についても言える。私は授業をしたり論文を指導したりするなかで、たくさんの優秀な学生と出会ってきた。

たいてい数分も話せば、最高評価を得そうな学生はそうとわかる（もちろん第一印象によって偏見を持たないようにはしているが）。

ほとんどの学生は「やりたいテーマは決まっています。方法はこれです。書類にサインしてもらえますか」と言ってくる。

一方、高評価を取りそうな学生はこんな言い方をすることが多い。「このテーマについていろいろ調べ、興味を持ったのですが、具体的にどのような（論理的）視点に立てばいいか決めかねています。相談に乗っていただけますか」と。

「並」の学生にはたいてい明確なロードマップと、かっちりした目標がある。研究方法も考えてあり、たいていは手堅い論文をまとめてくる。

だが傑出した学生は、探究の範囲を広めにする傾向がある。テーマについてじっくり調べ、自分の思考を新たな（そしてたいていは予想外の）方向に発展させる可能性があるタッチポイントを探す。

学生の多くはそのような曖昧な状態を弱点ととらえるが、真の想像力と独自性はそこから生まれることが多い。

曖昧な状態は心地よいものではなく、苦しいこともある。だがそこからひらめきや貴重な成果が生まれることも多い。矛盾や「創造的絶望」から新たなパターンが見つかり、優れた洞察につながるケースもあることが、研究によって示されている。

そろそろ、問題や目標への取り組み方を変えるべきときが来ているのかもしれない。そうすることで**「オポチュニティ・スペース（可能性の空間）」**をつくり出すのだ。

まとめ

本章では、セレンディピティを育み、オポチュニティ・スペースを広げるような思考プロセスや問題解決の方法を見てきた。

「リフレーミング」、すなわち世界を見る枠組みを変えることで、他の人には隔たりしか見えないところに橋が見えてくる。問題を別の角度から見てみれば、相手の立場ではなく、本当の関心が見えてくる。

セレンディピティが生まれるプロセスは、独立した出来事の発生というより、長い旅のようなものだ。

最後まで集中力を切らさずにセレンディピティを実現するためには、相当な意欲や刺激が必要となる。次章ではオポチュニティ・スペースを生み出し、活用するための心構えを考えていく。

やってみよう

会話の切り出し方を変えてみよう

1　カンファレンスなどのイベントで、初対面の人に「仕事は何ですか」と尋ねるのはやめて、こんなことを聞いてみよう。
「今、どんな気分ですか」

「今、どんな本を読んでいるのですか。その本を選んだ理由は?」

「○○について、どこが一番おもしろいと思いましたか」

そうすれば決まりきった返事が返ってくることはなく、刺激的な会話やセレンディピティにつながる可能性がある。

2　多少親しくなった相手にはこんなことを尋ねよう。
「やりがいを感じるのはどんなときですか」

「これからの1年でやろうとしていることをひと言で表すと何でしょう。その理由は?」

「他人に何と言われようとも、これだけは譲れないということはありますか」

相手の答えに興味を惹かれる点があったら、さらに深く突っ込んでみよう。

3 データや細かな情報ではなく、相手しか話せない経験について尋ねよう。「出身はどこですか」「X国に行ったのはいつですか」の代わりに、こう聞いてみよう。

「そこでどんな経験をしたのですか」

「なぜ○○をしてみたいと思ったのですか」

すでに知っている相手なら、絆を深めるための雑談から一歩踏み込み、いつもとは違った質問を投げかけてみよう。たとえば「週末は何をしていたの？」の代わりに、「この週末、大笑いしたことがあったら教えて」と聞いてみよう。

4 質問をするのが難しい状況であれば、相手の興味を惹くような言葉を発してみよう。たとえば「すごく興味をそそられる話を聞いた」と言ってみると、相手から質問が出るかもしれない。

5 夕食会やイベントのホストを務めるときには、何の仕事をしているかだけで自己紹介を終わらせないようにしよう。状況や参加者のタイプにもよるが、次のことを話してもらおう。

「今関心を持っていること」

「今一番夢中になっていること」

「今挑戦していること」

仲間内の親密なディナーなら「今のあなたを形づくっている経験を教えてくれませんか」と尋ねてみてもいい。

6 誰かがあなたに話しかけているときには、熱心に聞き、行間を読もう。何か問題があるという話なら、それをそのまま受け入れるのではなく、「なぜ」「どうして」と突っ込んでみよう。根底にある本当のニーズや根本原因が判明するかもしれない。

7 何も制約がなく、絶対に失敗しないとわかっていたらやりたいことを３つ書き出してみよう。次に、なぜ制約があると思うのかを書いてみよう。それから制約をリフレーミングする方法を３つ挙げてみよう。そして実行に移そう。

8 あなた自身の物語を語ってみよう。ノートを開き、興味のある分野、興味を惹かれるものを書き出し、それを物語と関連づけてみる。何も浮かばなければ、友達にこう尋ねてみよう。

「私について考えたとき、真っ先に思い浮かべる特徴やテーマは何?」

「私や私の人生の最大の魅力って何だと思う?」

「私が本を書くとしたら、何について書いたらいいかな?」

あなたの物語やその一番大切な要素がわかったら、機会を見つけて人前で話してみよう。そして一番しっくりするものを何度も口に出してみよう。「仕事は何をしているの?」と聞かれたら、その物語を聞かせてみよう（あまり長くなりすぎないように!）。

第4章 「こうありたい」と願うことの力

人にはそれぞれ独自の生き方、視点、野心があり、それが予想外の機会の発見につながっていく。

「目指すべき方向性」や意欲があると、セレンディピティが起こりやすく、良い結果につながりやすいことが研究では示されている。どんなものであれ、意欲は重要だ。**トリガーを発見したい、点と点を結びつけたいという思いがなければ、セレンディピティは始まらない。**

当然ながら意欲の源泉は人によって違う。

生きがいが一番重要だと考える人もいれば、主義主張を重んじる人もいる。愛情が何より大切だという人もいる。漠然とした好奇心、帰属欲求、強い性欲、嫉妬、強欲が原動力になることも否定できない。

すでに見てきたとおり、セレンディピティは能動的に求めるものだ。最終目的地がわからないとしても、望ましい方向へ進んでいきたいという意欲がなければ、どれほど感度が高くても意味がない。

セレンディピティはいつか起こるかもしれないと座して待つのではなく、自分の身に起きてほしいと積極的に願う必要がある。

ではセレンディピティを経験し、最高の自分になるのに必要な姿勢とはどんなものだろう。

ロンドンで体験した危機が糧に

エブリーナ・ジマナビシューテは2004年夏、長い休暇を過ごしにロンドンにやってきた。そのときは自分がイギリスに永住することになるとは夢にも思っていなかった。

リトアニアの小さな村で生まれたエブリーナは、当時の恋人とロンドンを満喫しようと楽しみにしていた。招いてくれた友人の家に泊まり、休暇が終わったらリトアニアの首都ビリニュスに戻り、奨学金つきで大学に進学する予定だった。

だが不運なことに、エブリーナがイギリスに到着したとき、友人は失業していて、宿泊費を払ってほしいと言い出した。

こうして、イギリスを満喫するはずが、滞在費を稼ぐために必死に仕事を探すはめになった。結局見つかったのは小さなホテルの清掃の仕事だった。労働時間は長く、英語が話せない外国人として同僚からバカにされることも多かった。

そんななかとんでもない事件が起きた。

「客室を掃除していたら、突然背後でドアが開いたの。同僚の男が入ってきて、ドアに『起こさないでください』の札をかけると、カギをかけ、ベルトをはずしながらニヤニヤして近づいてきた。私はショックと恐怖で震えながら、後ずさりをしたわ。幸い、隣の部屋に通じる扉のカギが開いていたから、何とか逃げ出せた」。

こんな生活に甘んじているわけにはいかない、とエブリーナは決意した。翌日にはやる気満々で新たな職探しに街に出た。

するとフランス語で「プレタ・マンジェ」と書かれたサンドイッチ店が目に入った。学校で習ったフランス語が役に立つはずだと思い込んだエブリーナは、店長を探し、流暢なフランス語で話しかけた。

背の高いイタリア人店長は笑みを浮かべ、興味津々といった様子で耳を傾けていた。しばらく話を聞いた後、店長は自分はフランス語を話せないし、プレタ・マンジェはフランスの会社じゃない、それに人手は足りているんだと言った。

それでも店長はエブリーナが銀行口座を開き、労働許可を手に入れるのを手伝い、それから人材を探している別の「プレタ・マンジェ」の店に紹介してくれた。

エブリーナの努力と前向きな姿勢は言葉が不自由なのを補ってあまりあるほどで、あっという間に昇進した。スタッフの多くが話すポーランド語を話すことができたのが幸いした。エブリーナは子供時代にテレビ番組でポーランド語を覚え、故郷の街の有名な教会を訪れるポーランド人観光客相手に話していた。

休暇のことなど完全に忘れ、エブリーナはプレタ・マンジェで猛烈に働いた。数年後にはシニアマネージャーになり、最終的に新地域への進出、新規開店、新任マネージャーやリーダーの研修といった事業開発プロジェクトの責任者になった。

それから10年以上が過ぎた。今は娘とともにロンドン郊外で暮らし、コンサルティング、研修、コーチング事業を手がけるエリートマインド社の創業社長となっている。幸せで、充実した生活だと感じている。持ち前の自信とエネルギーを活かし、他の人々に刺激を与え、自らの手足を縛るような思考パターンを抜け出す手助けをしている。

向かうべき方向は最初からわからなくてもいい

ホテルでの経験はとにかくおぞましいものだった。だからエブリーナがこのつらい出来事を新たな人生を歩み出す出発点ととらえていることは、とても興味深い。マイナスの出来事に支配され、潰されてしまうのではなく、**彼女は自ら主導権を握って進むべき道を定めた**。

エブリーナのように危機をきっかけに進むべき方向、意欲、生きる意味を見出す人もいる。直感的に自分がどこに向かっているかを理解している人、常に高い目標に向けて努力する人もいる。

信仰を持つ人は、聖書を拠りどころとするかもしれない。哲学、あるいは人生の指針となる思想を持つ人もいる。企業経営者は何のために事業をするかを「ビジョン」としてまとめることが多い。

私はこれまでさまざまな場面で、人は自分がどこへ向かおうとしているかはっきりわからないものだという現実を目の当たりにしてきた。

私たちはふだん、特定の目標や取り組みのことを考えているわけではない。むしろ自分がワクワクすることを追求し、これだと思える機会に巡り合うことのできる**「オポチュニティ・スペース」**を探している。そのなかで偶然、機会を見つけているのだ。

会社やコミュニティや大学は、自分がどんな実験の旅をしたいのかを決定し、それを実現するための「プラットフォーム」だと考えられる。スキルセットを磨きつつ、同時に自分にとって一番やりがいの感じられる場を探そう。

そうすれば、いくつもの選択肢に賭けてみることができる。

「生きがい」はどこから来るのか

私たちの抱く夢は、心の奥深くにある信念や価値観に根差していることが多い。集団主義的コミュニティで育った人は、個人の野心よりも家族を重視する。

キャリアに重きを置く個人主義的環境で育った人は、集団の目標よりも個人の夢を追求しようとする。恐れ、絶望、復讐といった根深い感情から生まれることもある。**そしてきわめて重要なのが、生きがいを求める気持ちだ。**

枕元に聖書を置いている人もいるが、私の枕元にあるのはヴィクトール・フランクルの『夜と霧』だ。精神科医としても名高いフランクルの理論と実践の中心にあったのは、人間には生きがいが必要という考えだ。

人間を動かすのは権力欲や性欲だという説もあるが、フランクルは生きる意味への欲求が人間を動かすと考えた。

さまざまな職業、人生経験を持つ人々の話を聞くなかで、私もそれを実感してきた。人生に意味を与える北極星と、他者との有意義なかかわりの両方があるとき、人生は輝く。**生き生きと生きるためには、マクロとミクロの両方の生きがいが必要なのだ。**

だが１つ問題がある。私たちは人生を、段階を追って進歩していくものと考えがちだ。多くの人が学校や大学で「マズローの欲求５段階説」を教わる。これは史上最も使用されることの多いパラダイムの１つで（誤用されすぎだという指摘もある）、私たちの生き方、働き方全般に看過できない影響を与えてきた。

欲求５段階説によると、人間はまず安全な住みか、空気、食料、水といった生理的欲求を満たし、次に安全欲求、次に友人や家族などの社会的欲求、優れた業績などの承認欲求を満たす。

そしてようやく最後に（まだ時間が残されていれば）自己実現欲求、すなわち自分が本当に大切だと思う問題の解決、充実感、自己実現、深い生きがいに意識を向けるという。

厳しい環境でこそ、「上位のニーズ」が重要

アンドリュー・カーネギーやジョン・D・ロックフェラーなどの成功者は、まず下位の物質的欲求を満たした後、階層を登っていき、人生の後半になって慈善事業に身を捧げ、財産の大部分を寄付した。

私の優秀な教え子のなかにも、同じように、「まず金を稼ぎ、それから善行を積む」という金言に従い、最初の10年はお金を稼ぎ、「正統派」のスキルを身につけるためにあまり気の進まない仕事で頑張り、本当にやりたいことは後回しにする者もいる。

これは、人生に対するきわめて直線的なアプローチで、組織にも同じような発想に基づいているところが多い。だが最近は**お金と生きがいを両立させようとする動きが強まっている**。

ハラルド・クルーガーがそれをわかりやすく説明している。「**今日の従業員はやりがいを感じなければ、会社への忠誠心を失う**」。

生きる意味や高尚な目標を追い求めるなど、一部の人にのみ許される特権ではないのか、と思うかもしれない。貧困や欠乏に苦しみ、食べ物と栄養、教育や住居を確保するだけで

精一杯な人にも同じことが言えるのか、と。

こうした考えは長年、西側諸国や世界中で開発援助の取り組みが失敗する原因となってきた。援助を受ける側の「下位のニーズ」さえ満たせば問題は解決するという発想は、地域コミュニティの活力を削ぐ。

厳しい環境を生き延びるには希望が必要で、それには「上位のニーズ」とされる生きがいへの欲求が重要なことを過小評価しているのだ。

ＮＹＵやＬＳＥでの私たちの研究では、リソースの制約された状況ほど、主体的に運を生み出し、自分自身にかかわる大切な問題を解決する能力が重要になることがわかっている。それは尊厳のある幸せな生活をもたらすだけでなく、メンタルヘルスの問題も抑えてくれる。

予想外に対処する「質の高い直感」を育むには

予想外の事態や危機的状況に対応しようとするときに現れるのが、本当の価値観、信念、直感的行動だ。

自分自身をよく理解すると、セレンディピティに対してオープンになれる。**予想外の事**

態に対処するための基本的な枠組みができ、予想外を脅威ではなく、機会ととらえられるようになるからだ。

だからといって、分析的な意思決定方法や、意思決定の指針となる既存のルールをないがしろにするつもりはない。分析的思考と直感的行動は、二者択一というより相互補完的なものだ。

不安定で予測不能で、変化が激しく複雑な状況では、当事者に豊富な経験があるほど優れた直感が働きやすくなる。

人生で何が待ち受けているのか知ることはできない。あらゆる事態に備えを固めるのは困難だ。トレードオフを伴う場合はなおさらである。私たちにできるのは、自分にとって最も大切な価値観や行動をはっきりさせておくことだ。

困難な選択に直面したときに「ノー」と言うべきタイミングを見きわめることも大切だ。その選択がセレンディピティのもたらしたものならなおさらだ。

予想外の機会は、道を誤るリスクもはらんでいる。たとえばあなたが偶然、とある財務情報を知ったとしよう。それがインサイダー取引を可能にするものだったらどうか（「信頼を築くには20年かかるが、失うには5分もあれば十分だ」とウォーレン・バフェットも言っている）。

価値観や信条は、時間をかけて醸成される。ここで参考になるのは「唯一無二の本当の自分などというものは存在しない」という東洋哲学の考えだ。西洋人はそう思いがちだが、現実には私たちは状況変化に適応して常に変化している。自分の直感を信じられるようになれば、困難な決断を下しやすくなる。

ただその前提として、十分な情報を集め、「質の高い直感」が働くようにしておく必要がある。

無意識下には意識下よりも多くの情報が潜んでいるので、そこに直感と情報が融合されているならば、耳を傾けるのは実は非常に理にかなったことだ。

「利己」より「利他」でより幸福に

『GIVE&TAKE』の著者、アダム・グラントは「ギバー」のほうが「テイカー」よりも大きな成功を収めることが多い、と書いている。これはサービスが最も重要な差別化要因となる分野において特に顕著だ。

ギバーとは、「自分は人のために何ができるか」を考え、他者に付加価値を与えることが内的動機づけとなる人のことであり、テイカーとは、真っ先に自分の利益を優先させる人のことだ。

ギバーでありながら成功者となるには、優れた時間管理能力、親切の限度を明確にすること、そして他者と自分に最も大きな付加価値を与えられる分野はどこかを主体的に考えることが不可欠だ。

このような限度や資質がなければ、親切があだとなり、周囲の要求に応え続けて消耗してしまう。私自身、本来ギバーであるため、限度を定めることの重要性を身をもって学んできた。そうしなければ、一歩外に出るたびに燃え尽きてしまう。

こうした特徴は交渉の場ではっきりと表れる。たとえば私が経営に関与する組織で、出資話が持ち上がると、自分の取り分を大きくすることよりみんなに満足してもらうことを重視し、結局自分が損をすることもあった。

何度か痛い目に遭って、長期的にはこの方法では（私はもちろん）誰も幸福にならないことを学んだ。怒りや不公平感がどうしても出てくるからだ。そうした感情に早い段階で対応していれば、後々問題にはならなかっただろう。

当然ながら**メンタルヘルスを健全に保つには、自分自身を大切にして、幸福感を高めることが大切だ。**自分の状態が良ければ、他人に対してより親切になれる。

私はアダム・グラントらの知見に触発されて、常に全員を幸せにすることを考えるのをやめ、今すぐ誰かを幸せにするために自分にできることを考えるようになった。そのほうがストレスははるかに少ないのだ。

ときには「テイカー」がギバーになりすまし、他者に尽くしているふりをすることもある。たとえば「小手先のシグナリング」として、実際にはたいしたことはしていないのに、慈善事業で目立つ役回りを引き受けたりする。だがグラントの言葉を借りれば、こういう人は結局「人生の敗者」となる傾向がある。

ギバー、テイカーと並ぶ3つめの類型が「マッチャー（損得の帳尻を合わせようとする人）」だ。

マッチャーはいわば人間関係の会計士で、常に損得のバランスが合っているように心がける。これはゲーム理論に通じるところがあり、たとえば周囲がテイカーばかりだと、ギバーになりすぎると損をする。

マッチャーは利己的にも、利他的にもなりたくないので、帳尻を合わせようとする。短期的にはうまくいくかもしれないが、結局は周囲に見透かされてしまう。

どうすればやさしさを身につけられるか

多くの国において、幸福になることに集中するよう言われた人は、実際に幸福になることを示す研究成果が出ている。しかしアメリカをはじめ一部の国では、その逆の現象が見られる。

その理由は、多くの国において幸福感は「他者のために」何かをすることと関連し、事実そうすることによって人は幸福になるのに対し、一部の国では幸福が「自分のためにお金を使うこと」と結びついているからだ。

それで短期的満足や安らぎは得られるかもしれないが、心から幸福にはなれない。中期的には「自分中心」より「他者中心」のほうが幸福になれる（ただもちろんセルフケアは非常に重要で、他者に尽くすには自分自身の情緒の安定が不可欠だ）。

それはセレンディピティの機会を増やすのにも役立つ。**互いへの善意があるほど、私たちが点と点を結びつけられるように周囲は助けてくれる**。

どうすれば自分自身と周囲へのやさしさを身につけることができるだろう。１つの方法は、感謝の気持ちを大切にすることだ。困難な状況に置かれたときほど、それが重要になる。

起業家のカラ・トーマスは、ある年の大晦日にフライトが遅延して、イライラしていた。そんな気持ちを克服しようと、「ありがとう」をたくさん見つけようと努力した。ウーバーの運転手と興味深い会話ができたこと、夕食に間に合う時間に目的地に着けたことなどだ。

それによってマイナス思考を振り払うことができ、セレンディピティが起こり得る状態に自分を戻すことができた。ウーバーの運転手の紹介で、とある映像作家と出会うチャンスに恵まれたのもそのおかげだ。

外向的タイプと内向的タイプで違いはあるか

セレンディピティを起こりやすくするのは、主体性、ユーモア、新たな経験へのオープンな姿勢、斬新なアイデアを試すことへの意欲といった、習得可能（訓練によって身につけられる）な特性であることが研究によって明らかになっている。

とりわけ**自ら行動を起こす、未来について考えるといった主体的行動は、セレンディピティの起こりやすい状況を生み出し、障害を乗り越えるのに役立つ。**

こうした行動は、良い仕事や高い報酬を得たり、起業家が成長や成功を手に入れたり、貧困を脱したりすることにつながりやすい。

ここでとりわけ重要なのがクリエイティビティだ。セレンディピティを生み出す要因とクリエイティビティには共通点が多い。

クリエイティビティは予想外の出来事に注意を向ける能力、さまざまなアイデアをいつもと違った方法で結びつける能力から生まれることが多い。

創造的な人にも、失敗を恐れリスクを避けようとする傾向があるが、それを克服できるのは、挑戦せずに諦めることへの恐怖のほうが大きいからだ。

作家や作曲家が新たな作品を生み出すのに悩み、これでは不十分ではないかと苦しみつつ、もっと良くしようと努力せずにはいられないのはこのためだ。

性格にも同じような二面性がある。私たちの性格は脳科学や進化に深く根差している。哺乳類は誕生した当初から大脳新皮質を発達させてきた。大脳新皮質のおかげで、人間は行動する前に考えたり、行動を予測したりすることができる。

しかし大脳新皮質がきちんと機能するためには、適度に「覚醒」している必要がある。ギアを入れる前に、十分回転数を上げておく必要があるのだ。

外向的な人は他者とかかわることで「最適な覚醒レベル」に達する。一方、内向的な人

はもともと覚醒度の基準値が高い。そのため、彼らは社会的活動によって心理的エネルギーを消耗する。彼らはエネルギーを回復させるために、静かで孤独な時間を必要とする。

内向的行動にも重要な役割がある

当然ながら、外向的性質はセレンディピティに非常に役立つ。ただ**内向型、外向型のいずれの性質も、訓練によって身につけることができる**。私のまわりのコミュニティづくりに長けた人の多くは情熱的な内向型人間だが、外向的な人があふれた場でも生き延びるすべを身につけている。

外向的性質は多くの人と会う、引き寄せる、連絡を取り続けるという3つの理由で、幸運な出会いを増やすことが研究で示されている。

きっかけはスーパーで、あるいはコーヒーショップで行列しているときに出会った人に話しかけるといったシンプルな行為だ。それが興味深い会話に発展することもある（しかも「あのとき話しかけておけば良かった」とのちのち悔やむリスクも避けられる）。

厚かましいのは禁物だが、このような行動は誰かと（何かと）出会い、好ましい結果を手にする確率を高める。

外向型人間は他者と打ち解けやすく、大勢の人と連絡を取り続ける傾向がある。ここで前提となるのは、私たちが連絡を取り続ける相手も、それぞれの知り合いと連絡を取り続けるという単純な事実だ。

だからあなたが100人とつながり、その100人がまた別の100人とつながっていれば、あなたは2次の隔たりで1万人とつながっていることになる（それぞれの段階の100人に同じ人物が含まれていなければだが）。

つまり知り合いがそれぞれ1人を紹介してくれれば、あるいは一度ディナーパーティに招いてくれれば、あなたには1万人と出会う可能性があるわけだ。そしてたった1回の偶然の出会いで、人生が変わってしまうこともある。

ただ、**内向的行動にもセレンディピティを起こすうえで重要な役割があり、外向的性質と内向的性質を組み合わせることがセレンディピティには一番有効だと考えたほうがいい。**

それは集団のなかでも個人でも同じことだ。外向的行動がもたらす予想外の出会いと同じように、セレンディピティには内省、自己認識、そして時間も必要だ。思考やアイデアはすべて意識の表層に浮かんでいるわけではない。

予想もしなかったような価値あるバイソシエーションは、むしろ意識していない場所に潜んでいるかもしれない。アイデアが意識上にじわじわと染み出してきて、その可能性が認識されるまでには時間がかかるかもしれない。

あるいはアイデアは、本を読んだり映画を観たりするなど、1人静かに時間を過ごすときに見つかるかもしれない。外向的な人が内向的な人の助けを借りて、じっくりモノを考え、さまざまな思考や経験をつなげていくことも多い。

いい心の状態を保つことも重要

性格的特性はいずれも変化するものだが、あなたがさほど外向的ではないからといって心配することはない。自分に最もしっくりくる特性を選べばいいのだ。

頭に入れておきたいのは、**セレンディピティの起こりやすさは、私たち自身の感情的状態に左右されることが多い**ということだ。

ポジティブな感情でいるときは、外部からの刺激への感度やそれを掘り下げようとするエネルギーも高まり、チャンスに気づきやすくなる。関心の範囲や行動のレパートリーも広がるので、さまざまな出来事への反応も良くなる。

現実の意思決定（偶然に対して行動を起こすなど）は自分や周囲の直感に影響されることが多いので、心の状態というのは非常に重要だ。

やり遂げなければならない仕事があるとき、あるいは何か良い刺激を受けたいと思っているときに、「プラスのエネルギー」を持っている人の隣に座っているととてもうまくいくと感じたことはないだろうか。

反対にあくびばかりしている人が隣にいると、仕事がとてもやりにくくなる。エネルギーは伝染するのだ。

不完全であることを受け入れる

セレンディピティを求める旅においては、謙虚さと弱さが重要になることもある。

セレンディピティを起こすには、完璧を目指して状況を完全にコントロールしたいという欲求を乗り越える必要がある。

ベストバイの会長で元CEOのユベール・ジョリーは自らの経験を踏まえ、状況を完全にコントロールできていると思っている人は、自分にできないことがある場面でも手助けを求めないと指摘する。そして誰かが失敗すると、その人間に問題があるとみなす。

こんな生き方は非人間的だ。反対に、不完全であることを受け入れ、自分と他者の弱さを愛せば、予想外の事態が起きてもそれを受け入れることができる。

それは不完全さではなく、人間的なものだ。**おかしい部分に注目するのではなく、その状況としっかり向き合うことが重要**なのだ。「危機的状況こそ大きな違いを生み出すことができる」とユベールは語る。

幸運な人はたいてい肩の力が抜けている

人間は常に同じ状態にあるわけではない。それぞれの置かれた環境、状況、優先事項によって変化する。誰もが違っており、同じ人でも、タイミングが違えば、感受性は高まったり低くなったりする。

たとえばストレスだ。ネイビーシールズ（米海軍特殊部隊）が胸に刻む、古代ギリシャの詩人アルキロコスの次の格言には、一面の真理がある。

「戦いの最中には自分の理想とするレベルに上がるのではなく、訓練のときのレベルに下がる」。

ストレスにさらされると、認知バイアスのほとんどは悪化する。身体が闘争・逃走反応を示し、ダニエル・カーネマンのいう「システム2思考（抑制の利いた遅い思考）」という緊急ブレーキが働かなくなり、本能だけに頼ろうとするからだ。

ストレスは拙速な判断、その場しのぎ、惰性につながることが多い。私自身、最悪の判断はたいてい、追い詰められて闘争・逃走モードに入ったときに下している。**幸運な人はたいてい、ふつうの人より肩の力が抜けている。不安は機会をつかむ妨げとなる。**

組織のストレスレベルがあまりに高く、社員がクビになることを恐れていたり、会議に遅刻しないようにすることばかり考えていると、セレンディピティを見逃すリスクが高くなる（貧困に苦しんでいると、ストレスや不安の感情はさらに強まり、意思決定にマイナスの影響を及ぼす可能性がある）。

ただ**心が健康な状態にあるのは大切だが、不快感やプレッシャーが何かを達成する原動力となることもある。やはり重要なのはバランスだ。**

しかも脳と身体の相互作用にかかわる研究では、消化器系や心臓系の変化は、表情と結びついていることが示されている。要するに生理的状態は、心理的および行動的経験に大きな影響を及ぼすことがある。

だから穏やかな声や親切な表情によって私たちの気分が変化すること、あるいは無視されると恐怖を感じたり心理的に動揺するのは当然と言える。同じような理由から、愛犬が死んだ翌日、あるいは外科手術が終わった直後は、セレンディピティは起こりにくい。

瞑想やヨガを実践することで、心を穏やかにするのはプラスだ。セレンディピティは注意力が高い状態（そしてマルチタスクより1つのことに集中している状態）に起こりやすいので、こうした手段を通じてプレゼンス（「いまここ」に集中すること）を高めるとセレンディピティの機会が増える。

セレンディピティが起きやすい時期

状態は変化する、すなわちエネルギーレベルはタイミングによって異なるということは、私たちはタイミングによってアイデアをより受け入れやすくなったり（あるいは伝えるのが上手になったり）することを意味する。

正しいタイミングで人に会うこと、相手が殻に閉じこもらずオープンな状態にいるときに巡り合うことはとても大切だ。

同じことが人生のフェーズ（段階）についても言える。学業を終えたばかりの時期、特定のライフステージが終わったとき、あるいは会社を売却して新たなアイデアを探しているときなどは、予想外の展開に対してよりオープンな状態になっている。

企業も同じだ。セレンディピティに適した時期もあれば、目の前の仕事を遂行することに集中すべき時期もある。

常に私たちに選択権があるわけではない。生き延びるためにもがいている時期（とりわけ資金的に）などは特にそうだ。しかし**そんな状況でもセレンディピティが起こることもある。それも一番予想していないタイミングで。**

パーティで、あるいはオフィスで、何も期待していない状態が魔法のような瞬間を呼び込むこともある。

まとめ

潜在的なトリガーを発見し、点と点を結びつけたいという思いがあるほど、セレンディピティは起こりやすい。セレンディピティを何に結びつけたいかがはっきりしていれば、なおさらだ。

大切なのは、他の人には欠落しか見えないところに結びつきを見出すことであり、それは何か有意義なものを見出したいという思いがあるほど容易になる。

進むべき道は深い目的意識、スピリチュアルな感覚、人生哲学、試行錯誤など、さまざまなものから導き出すことができる。知識に基づく直感もセレンディピティをたぐり寄せるのに役に立つ。
だから本章の「やってみよう」では、セレンディピティへの感情的素地や意欲を整えることに集中しよう。

やってみよう

心と体を整えよう

1　あなたが人生で一番大切にしていることを書き出してみよう。頭に浮かんでくるテーマは何だろう。後から振り返ったときに初めてわかるような情熱の対象、あるいは方向性など、すべてに共通する支配的なパターンはあるだろうか。北極星になりそうなテーマをあれこれ試してみよう。そうすれば点と点を結びつけるのが容易になる。

2　1日10分、瞑想やモットーの復唱を実践してみよう。簡単なものから始めればいい。座り心地の良い椅子かクッションに座り、手のひらを腿《もも》の上に置こう。ゆっくりと4回深呼吸をして、ゆっくり自分に言い聞かせる。

「求めている答えが見つかりますように。必要な解決策を見つけられますように。私の人生が美しくなりますように。私の愛する人たちの人生が美しくなりますように」と。「Calm」や「Headspace」のようなアプリを使ってもいい。

3 ポジティブなエネルギーを持っている人で周囲を固めよう。あなたを前向きな気持ちにしてくれる人、一緒に過ごす時間を増やしたい人を2～3人挙げてみよう。それぞれとコーヒーを飲む予定を入れよう。

4 人生に感謝の習慣を取り入れよう。感謝の日記をつけてもいいし、「Gratitude」のようなモバイルアプリを使ってもいい。毎日の習慣にすることもできる。たとえば夕食の時間に家族全員がその日感謝したいことを3つ挙げる、といった具合に。

5 あなたの人生に好ましい影響を与えてくれた人を毎週3人選び、お礼のメッセージを送ろう。「ありがとう」のメッセージは、送る側にも受け取る側にも驚くほど強力なインパクトがあることが証明されている。

6 本当の自分を見せよう。ささやかなステップから始めればいい。人と人とのつながりをつくる団体「トリガー・カンバセーションズ」創設者のジョージー・ナイチンゲールのやり方を紹介しよう。

誰かに「調子はどう?」と聞かれたら、当たり前の返事をする代わりに、もっと真実味があって意外性のある答えを返してみる。「10段階の6・5ぐらい」「カフェイン欠乏気味」「ワクワクしている」といった具合に。

相手はびっくりすると同時に「おもしろい人だ」と思い、会話が始まるかもしれない。

7 「外向力」を高めよう。コーヒーショップで行列したら、隣に並んでいる人に話しかけてみる。笑みを浮かべて他の人たちとコミュニケーションをとる。パーティでは初対面の人に話しかけてみる。前向きな考えを持つようにしよう。誰もがそれぞれ苦しみを抱えている。

常に前向きな意図を持つようにすれば、負のスパイラルや自己実現的予言のワナに陥るのを避けられる。

相手もこちらと話したがっていると考えれば(相手の反応がぎこちなくても、それはびっくりしたためかもしれない)、スムーズに会話が進むはずだ。

8 あなたの「憧れ」を20個書き出し、そこからトップ5個を選ぼう。私たちは野心にばかり目を向け、理想にあまり注意を払わない傾向がある。しかし成功するうえでは「何をしたいか」だけではなく、「どんな人間になりたいか」に意識を向けることが重要だ。こう自問してみよう。「このような選択は私のアイデンティティにどんな影響を及ぼすだろう」。

9 自分との約束事を2つ決めよう(「毎週月曜日は大切な人と夕食をともにする」など)。証人となるパートナー(約束を実行したか確認する人)を決め、約束の内容を説明し、報告のタイミングを決めよう。

10 社員あるいはコミュニティのリトリート(合宿)、あるいは家族の集まりで、自分たちにとって大切な価値観を体現するような具体的行動を5つ挙げてみよう。全員がそれぞれの日々の生活のなかから、具体的なエピソードを見つけられるだろうか。

11　子育て中の人は、子供と一緒に前の10番を実践してみよう。たとえば夕食のとき、大切な価値観を体現するような行動をとった人のエピソードを子供に話してもらうといい（学校で誰かに親切にしてもらった、あるいは自分が誰かに親切にしてあげたエピソードを話してくれるかもしれない）。

第5章

セレンディピティ・トリガーの仕掛け方

セレンディピティ・トリガーがなければ、セレンディピティは始まらない。

ニューヨークの慈善団体で、低所得層出身の有望な学生リーダーを支援する仕事をしていたミケーレ・カントスがまいた、トリガーの種のエピソードを紹介しよう。

人生を変えたアドバイスはどこからきたのか

ニューヨークで教育関係の仕事に就いていたミケーレは、数カ月その仕事を離れ、故郷のエクアドルに帰り、次のステップを考えることにした。友人や知り合いなど100人ほどに、仕事を辞め、半年間旅行することを正直に書いたメールを送った。

「半年後には復帰します。今は次のステップについて考えています」。

近況報告はその後も2回送り、旅行のエピソードや将来についての考えの変化を綴った。自分の状況を誠実に伝えたかった。

ニューヨークに戻った後に送信した4通目のメールでは、今ニューヨークにいることや、これまでの経歴や理想的な次のステップについて具体的に書いた。

複数の友人が「うまくいくといいね」という励ましのメールを送ってきたなかで、**具体的な提案を返してくれた知人が1人いた**。

その知人は、最近あるテクノロジー企業の面接を受けたという。結局別の企業で働くことにしたのだが、そのテクノロジー企業にいたく気に入られ、この仕事に適した人材がいたら紹介してほしいと頼まれていた。

ミケーレにぴったりだと思った知人は、このテクノロジー企業の仕事について調べたことをミケーレに教えた。知人からの紹介もあり、またミケーレの熱意も相手に伝わり、結局そのテクノロジー企業から仕事をオファーされた。

それまでテクノロジー業界で働いた経験がなかったミケーレにとって、予想もしない仕事だった。イメージしていた仕事とはまったく違うので、自分なら応募しようとさえ思わなかっただろうと振り返る。「知人が私の可能性に気づいて、私の人生を変えてくれた」。新しい仕事によって収入が増えただけでなく、人生の質も高まった。

このような重要な経験やキャリアチェンジをもたらしたのは、セレンディピティのパワーだとミケーレは思っている。そして今では「いつでもどこでも」セレンディピティを経験するようになったという。

ミケーレはセレンディピティ・トリガーの種をまいたのだ。**主体的に、そして率直に情報を発信し、少し弱さも見せた。自らをセレンディピティの起こりやすい状況に置いた。**

ミケーレのケースでは、他人が点と点をつないでくれた。これはセレンディピティは往々にして誰かとともに生み出すものであり、ときには他者の善意から生まれるという事実を示している。

自分では気づいていない機会や才能を他の人が見つけてくれることもある。ときには自分とは違う分野の知識を活かして、こちらのレーダーには映っていない点と点をつなぎ、さらに遠くのオポチュニティ・スペースを開いてくれることもある。

だが自分が何に興味を持っているのか、何を探しているのかという潜在的トリガーを発信しなければ、それが周囲に伝わるはずがない。

たくさんのセレンディピティを経験する人がやっているのは、突き詰めれば潜在的トリガーの種をまくことだ。

人脈づくりの達人の種のまき方

ロンドンを拠点に複数の企業を立ち上げ、「スーパーコネクター（人脈づくりの達人）」でもあるオリ・バレットは、**新しい人と出会うと共通点を見つけるためにいくつもの種をまく。**

「何の仕事をしているのか」と聞かれれば、こんな具合に答える。「人と人を結びつけるのが好きだ。教育分野の会社を立ち上げた。最近は哲学に興味が出てきたけど、本当に好きなのはピアノを弾くことだ」。

この答えには、少なくとも4つの潜在的なセレンディピティ・トリガーが含まれている。

- 好きなこと（人と人とをつなげる）
- 仕事の説明（教育事業を立ち上げた）
- 関心があること（哲学）
- 趣味（ピアノ演奏）

「起業家です」とだけ答えていたら、相手が点と点をつなぐ余地はかなり限られてしまう。

4つ、5つのセレンディピティ・トリガーの種をまくことで、「すごい偶然だな！　私も最近ピアノを買おうと思っているんだけど、おススメはある？」といった反応が返ってくる可能性は高まる。

オリは、**相手が自分の人生とかかわりのある種に気づき、選択する余地を与えている。**それによって大小さまざまなセレンディピティが起こりやすくなる。

「人との出会い」で世界も人生も変わる

1960年代は冷戦時代で、アメリカ、中国、ソ連はほぼ完全に断絶していた。そんななかポーランドのリゾート地ソポトで開かれた「パグウォッシュ会議」に出席したヘンリー・キッシンジャーが、東側ブロックの政府高官と出会い、のちの歴史の流れを変えた。アメリカ史上最も有能な（そして最も評価の分かれる）国務長官となったキッシンジャーは、この会議での思いがけない出会いをきっかけに、1973年にはアメリカ政府と毛沢東政権との外交関係樹立にこぎつけた。

その出会いが現職のアメリカ大統領による初の中国訪問につながり、地政学的な状況を一変させたのだ。それを可能にしたのは、積極的に人とつながろうとするキッシンジャーの姿勢だ。

このような偶然の出会いはもっとささやかなレベルでも起きており、**歴史を変えるとまではいかなくても、少なくとも私たちの人生に大きな変化をもたらす**。

キッシンジャーのセレンディピティから半世紀近くが過ぎた２０１４年、アミナ・アイツィ・セルミは人生の大きな岐路に立っていた。

アミナは医師としてキャリアを積み、輝かしい経歴を持ってはいたものの、目標を見失い、途方に暮れていた。周囲からはこのまま安定したキャリアを積んでいくべきだと言われたが、安全な道は夢のない退屈なものに思えた。

10代の頃に抱いていた、世界の健康問題に貢献したいという夢は遠いものとなり、ほとんど忘れかけていた。そんななか、ある朝ロンドンでエレベーターに乗り込み、居合わせた女性に挨拶をした。天気の話題は、思いがけない方向へ発展する。

「あなたは何をしているの？」と女性はアミナに尋ねた。アミナは自分の仕事を説明したうえで、でも本当は健康問題について何か有意義な貢献をしたいんです、と言った。

女性はアミナをじっと見て、こう言った。「私に会いにきてくれる？　私の仕事についてゆっくり説明するから」。

実はこの女性は国連機関の専門家グループで副代表を務めており、科学的知識と専門能力（さらには優れた人格）を持つ人材を求めていた。

こうしてアミナは国連の「２０１５年持続可能な開発目標」の１つである、公衆衛生と災害リスクの削減というテーマを担当することになり、国連の報告書をはじめ、さまざまな刊行物の執筆陣に加わった。

アミナはこうした経歴によって、ロンドンの国際問題シンクタンク、チャタムハウスでシニア・クリニカル・レクチャラー兼コンサルタントという立場に就くことができた。今では国連や世界保健機関（ＷＨＯ）の委員会から助言を求められるようになった。

1年間悩み抜き、もうダメかと思っていたところで、20年越しの夢がかなったのだ。エレベーターでの偶然の会話によって、アミナの人生が変わった。

アミナ・アイツィ・セルミとヘンリー・キッシンジャーには人生におけるセレンディピティ・トリガーを活かす力があり、自ら点と点をつなげていった。では、どうすれば私たちも自らの人生において、同じようなことができるだろうか。どこから始めれば良いのだろう。

学者は人脈づくりの起点になる

私は学生や若い社会人から「どうすれば有意義な人脈ができますか？　知り合いがあまりいなくて」という質問をよく受ける。

起業家でコロンビア大学の非常勤助教授でもあるマッタン・グリフェルは**「数千個のささやかなセレンディピティ爆弾を仕掛けよう」**と説く。

たとえばダメ元で憧れの人にメールを送ってみる。実は返信が来ることは驚くほど多い。相手がかかわっていたプロジェクトに触れると、返信が来る確率はさらに高くなる。

ニコラ・グレコは、ティム・バーナーズ＝リーが主催するオープンソース・プロジェクトのために大量のコードを書き始めた。ワールド・ワイド・ウェブ（ＷＷＷ）の発明者として知られるバーナーズ＝リーに目を留めてもらうためだ。

それからこんなメールを送った。「こんにちは。あなたのプロジェクトに参加させていただきました。お会いできたら嬉しいです」。

結局対面は実現し、バーナーズ＝リーはニコラの博士論文のアドバイザーを引き受けた。それはニコラの研究やその後の活動の大きな後押しとなった。

私たちには知る由もなくても、相手にはこちらに関心を持ち、連絡しようと思う理由があることは意外と多い。たとえばメールに書いた自分の研究分野に、相手の研究者もちょうど関心を持ち始めたところかもしれない。

相手についてどれだけ調べても、すべてを事前に知ることはできない。だから尊敬する相手にオポチュニティ・スペースを示すことで、セレンディピティ・トリガーを探してもらえることもある。

たとえすぐに何かにつながらなくても、メールを送ったことで相手のレーダーに映ったのはたしかだ（もちろん相手がメールを読んでいればの話だが）。

尊敬する人にメールを書いて、自分が何に興味を持っているのか、その理由は何かを伝えてみよう。その人はあなたの話に興味がなくても、それに興味を持っている知り合いがいるかもしれない。

多くの分野で人脈づくりの起点になり得るのが学者だ。メールアドレスは大学のホームページに記載されていることが多く、特定の業界において比較的高い地位にいる知り合いが多く、人を紹介するのにも比較的積極的だ。

私の知り合いは、目当ての相手にツイートを送る、その人のアシスタントにメッセージやインスタグラムで連絡する、あるいはリンクトインのつながりのない相手にメッセージを送信できるインメール（InMail）機能を使って連絡するといった方法で成功した。

見知らぬ相手に思い切ってメッセージを送るだけでうまくいくこともあるが、その相手にさりげなくあなたを売り込んでくれる相手にも連絡を取れば、なお効果的だ。

リンクトインかフェイスブックに、あなたを相手に引き合わせてくれる人物はいないだろうか。重要なのは、あなたがどこにいようと誰であろうと、**関心のある相手と連絡を取ってみれば、思いがけない効果があるかもしれない**ということだ。

自分をさらけ出すことで道が開ける

どうすれば潜在的なセレンディピティ・トリガーを増やし、自分や周囲が点と点をつなげるような状況を生み出せるだろうか。ミケーレのエピソードを思い出してほしい。メール、X（旧ツイッター）、インスタグラムなどの手段を使ってニュースレター、ブログ、近況報告をアップし、自分の関心のあるテーマをきちんと伝えれば（自己陶酔的にならないかぎり）思いがけないところからセレンディピティが起こる可能性がある。

自分をさらけ出してみると、魔法が起こることもある。

シンガポールの社会事業家ケン・チュアが「（ディーズ）アビリティーズ」を創業する

きっかけとなったのは、グラハム・プリンの著書『デザインと障害が出会うとき』を読んだことだった。

そこでデザイン、テクノロジー、障害の分野に精通した専門家を探したが、ほとんどいなかった。グラハム本人にいきなりメールを送ってみることもずっと考えてはいたが、なかなか踏み切れなかった。

それでもソーシャルメディアに自分の会社の取り組みや理念について、継続的に投稿し続けた。

その1つが、あるインタラクション・デザイナーの目に留まった。その人はデザイン会社IDEOのシンガポール拠点で働いていたが、その前はダンディー大学でグラハムの薫陶を受けていた。IDEOでのデザインの仕事は魅力的だったが、グラハムの下で障害を意識しながらデザインを研究した日々が忘れられなかった。

そんなときソーシャルメディアでケンの活動を知り、連絡してきたのだ。ケンがそのデザイナーと会ったとき、グラハムの弟子だとは知らなかった。だがその後グラハムがシンガポールに来ることになったとき、このデザイナーがケンにそのことを教えてくれた。

そこからいくつもの幸運が重なり、2時間の予定だったグラハムとのディナーは何時間も続き、仕事や人生を語り合った。今では2人は友人で、協力できる方法を探っている。

どうすればプライベートで、あるいは仕事のうえで、セレンディピティを誘発するような話ができるだろうか。

私は**自分の関心のある分野や、自分のライフストーリーに関するおもしろいネタを紙１枚にまとめておくのが役に立つ**と感じている。

誰にでも伝えたい物語はある。ときにはそんな話をする自分を嘘っぽいと感じることもあるが、共感してくれる人はどこかに必ずいる。

「セルフストーリー」を披露する機会はいくらでもある。そのショートバージョンは「何の仕事をしているんですか」と聞かれたときの、新しい返答になるかもしれない。

私たちは世の中に自分をアピールする前に、まずは何らかの分野の専門家にならなければと思いがちだ。でもあなたには子供を育てた経験がないだろうか。あるいは、今の仕事で何年も経験を積んできたのでは？　なら、**あなたはすでに専門家だ。**

パネルディスカッションに登壇するパネリストの多くもたいていは思いつきで話をしており、根拠といえば自分の直感だけだったりする。

たとえば大学教授は、特定のニッチ分野にとことん詳しいだけかもしれないのに、外部からはその分野全体の専門家と見られることが多い。直接の研究分野以外について聞かれて、その場で答えをひねり出すことも多い。

立場が高い人も他者とつながろうとする

当然ながら、おもしろい人がたくさん集まるところに行けば、セレンディピティ・スコア（第7章で詳しく見ていく）は高まる。

大学やロイヤル・ソサエティ・オブ・アーツのような団体が主催する公開講座にはおもしろい人が集まる傾向があり、しかもイベントの多くが無料で、誰でも参加できる。

講演者は驚くほど積極的に参加者とかかわろうとすることが多い。講演者が取り組んでいるプロジェクトに参加者が心から関心を持っているときは、なおさらだ。

意外に思われるかもしれないが、立場の高い人ほど関心を持った相手と積極的につながろうとする。

マイク・チャーニー（仮名）は、ある企業のCEOの講演を聴きにいき、その後話しかけた。すると、ちょうどCEOの運営する会社が小売店をいくつか閉めるところだったため、マイクの慈善団体が運営する10店ほどの新しい店に設備を寄付してくれたという。

CEOがマイクに興味を持ったのは、講演の後にマイクが良い質問をし、自分の物語を伝えたからだ。だから閉鎖する店舗の設備をどうしようかと考えたとき、マイクの団体に役立つかもしれないと思ったのだ。

話しかけたマイクにもためらいはあった。すべてを手にしているような相手に、自分ごときが与えられるものなどあるはずがない、という思いだ。

だが社会的に高い地位にいる人たちも、誰かの人生の役に立つことに喜びを感じるかもしれない。それが特別に重要な役割でなかったとしてもだ。

それこそ私たちが彼らに与えられるものだ。結局のところ、**人はもらうより与えることのほうに幸せを感じる。**私たちの人生に貢献する機会を他の誰かに与えることは、それが双方の利益と共感に結びついている場合、どちらにとっても強い動機となる。

イベントのホストに自己紹介をしよう

セレンディピティをたくさん経験する人に共通するのは、ディナーや会議などのイベントに参加すると、必ずホスト（主催者）に自己紹介にいくことだ。

イベントの主役として招かれたわけではなくとも、**そこでカギを握る重要な人物と話すことで、うまくいけば他の出席者に紹介してもらったり、自分を話題にしてもらえることを知っているのだ。**

コミュニティスペースやコワーキングスペース、地元のイベントなどでは特にそうしたことが起こる。おもしろそうなイベントに参加したら、まずこういう行動から始めてみるといい。

同じ興味を持つ人のコミュニティも、人脈づくりに適している。私が格闘技「クラヴマガ」の教室（そこでの一番重要なルールは「ルールはない」だ）に入ったばかりの頃、金融市場のスペシャリストが予測モデルについて話しているのが聞こえてきた。

そこからセレンディピティが起き、予測モデルはレジリエンス（立ち直る力）を高めることより、ミスを減らすことに集中しているのではないかという議論に発展した。それは本書のテーマの1つになっている。

「弱いつながり」（あまりよく知らない人同士）に関する研究では、（予想外の）機会はふだんとは違う環境に身を置いたときに生じることが確認されている。

ただやみくもに多くの人と交流しても、継続的に連絡を取り合うようになるのは難しい。私が見つけた有効な方法の1つは、**相手の役に立ちそうな人を紹介すると申し出ることだ**。それは名刺をもらう良い口実になるうえに、たいていの人は、自分を他者と引き合わせてくれた人を覚えていて、お返しをしてくれるという恩恵もある。

人と人を引き合わせるコツとはどのようなものだろう。

私の仕事仲間のファビアン・フォートミュラーのような「スーパーコネクター」は人を引き合わせるとき、互いの肩書だけではなく、共通の関心があることを伝える（「この人もあなたが向き合っているテーマに関心があるんですよ」と）。

そうして会話が生まれると、立場の違いが目立たなくなる。仕事上の立場ではなく、自分が何者なのか、本当は何に興味を持っているかがベースになると、人間関係の質が変わってくる。それによってセレンディピティは起こりやすくなる。

トリガーをつかまえて、点と点をつなげる

何かが「つながった」という感覚を味わったことがあるだろうか。セレンディピティは「そうか！」という鳥肌の立つような気づきの瞬間であることが多い。**まったく関係がないと思っていたこと同士が魔法のようにつながる。あるいは自分では気づいていなかった可能性を意外な人が発見し、点と点をつないでくれる。**

本能的に点と点をつなげる人もいる。「ハイフン」という芸名で活動する新進ラッパーのアダッシュ・ガウタムがあるときインスタグラムに動画をアップしたところ、ロンドンのソーホーラジオの司会者から「いいね！」がついた。

さて、ふつうの人ならこのトリガーにどう反応するだろう。おそらくワクワクして、それで終わりだろう。そしてセレンディピティは未遂に終わる。

ではアダッシュはどうしたのか。早速ラジオ司会者にダイレクトメッセージを送り、「ぜひ、この曲についてお話ししたい」と伝えたのだ。司会者からはぜひ会おう、という返事が来た。

そこでアダッシュは、演奏させてもらえないかと尋ねてみた。曲について話すより、聴いてもらうほうがいいのではないか、と。「だったらラジオでライブをやらないか」と司会者は聞いてきた。

日付も決まり、アダッシュはドキドキしながらその日を待った。本番の直前、その司会者から連絡が来た。ＢＢＣラジオに移籍し、そこのトップＤＪのピンチヒッターを務めることになったので、ソーホーラジオの代わりに、こっちで演奏してもらえないか、と。もちろんアダッシュは引き受けた。**作品を多くの人に知ってもらうこのうえない機会だった**。

アダッシュはトリガーに気づき、活用した。それが可能だったのは、自ら粘り強く点と点をつないでいったからだ。この事例から、セレンディピティ・トリガーに真価を発揮させる要因が浮かび上がる。**バイソシエーション**だ。

予想外のちょっとした情報に気づき、つないでいくことは、セレンディピティ・プロセスの重要なステップだ。このステップでは、「おや、これはいったいどういうことだ？」と何かに気づき、その意味するところに思いを巡らす必要がある。

この話を、別の話とどうつなげるかを意識する

１９８９年のある日、アラバマ州の理容師フィル・マクロリーが仕事を終えて店の床を掃いていたときのことだ。

テレビで、タンカーの原油流出事故のニュースが流れた。原油がラッコの体毛に絡みつき、ボランティアはそれを洗い落とすのに苦労している、というのだ。

ラッコの体毛が流出した油をがっちりとらえている様子を見たフィルは、今まさに自分が掃いている人毛が原油吸着材として使えるのではないかと思いついた。そこで集めた毛をナイロンタイツに入れて、どれだけ油を吸収するか試してみた。

こうして流出した原油の回収に人毛を使うというアイデアが生まれ、人毛を使った吸着材が製品化されるようになった。**フィルが点と点をつないだからだ。**

本能的に点と点をつなぐ人は他にもいる。フリーダー・ストロホイヤーはハイデルベルクの有名なコーヒーショップのオーナーだ（私にとっては高校時代に雇ってくれた最初の

上司でもある）。

フリーダーは誰かと話すときはいつも、**相手の話を聞きながら、それが自分や周囲の人のしていることとどうつながるかを考えている**と話してくれた。

銀行員から倒産しそうな会社があると聞くと、そこを買収しそうな人は誰かと考える。隣人から引っ越しを考えていると聞くと、最近自宅を売りに出していると言っていた人はいないかと考える。そしてもちろん、誰かと話すときには自分が何に興味を持っているかを伝える。

するとたいてい（フリーダーはそれを偶然だと思っているが）、相手も何らかの情報を持っていて、話がつながるという。漠然と機会を探しているようだが、ときとしてセレンディピティに結びつくこともある。

こうしてフリーダーは大勢の仲間と出会い、そこからたくさんのプロジェクトが生まれた。純粋に誰かと会話するのが楽しいというのもあるが、常に点と点をつないでいることが自らの成功の一因だと考えている。

機会は誰にでも訪れている

この能力はさまざまな場面で威力を発揮する。たとえばヒューストン出身のピート・マンガー（仮名）のケースだ。

ピートは労働者階級の家庭に育ち、おまえのような人間は地元の工場で働くしかない、とずっと言われ続けてきた。父親からは「オレたちのような人間は大学なんていかない。そんな能力は持ち合わせていないんだ」と言われた。

だがピートはある夕食の席で大学の講師と出会った。講師はいくつかの大学の名を挙げ、「試しに応募してみればいいじゃないか」と背中を押してくれた。そうすべきだと感じたピートはその言葉に従った。

簡単な道のりではなく、本当に努力した。そして最終的には家族で初めて大学を卒業した。成功につながった要因はいくつもあるが、最も重要なのは**運命を自らコントロールしようと決め、ふだんなら見逃してしまうサインをとらえたことだ**とピートは考えている。

彼は世界トップ10に数えられる大学を卒業し、今や世界有数の名門校の出身者となった。

どうすれば状況に対して受け身にならず、自らコントロールできるのか。マインドセットを変えることで、それまで想像もしなかった機会がにわかに手の届くものになる。

フィルやピートに共通して言えるのは、彼らが目にしたトリガーは他の人の目にも入っていたということだ。原油流出事故をテレビで見たのはフィルだけではなかった。大学へ応募書類を送るのも、ピートだけが持てた機会ではない。

違ったのは、彼らの反応だ。点と点をつなぎ、セレンディピティを引き起こしたのだ。

「蓄積した知識」「初心者の心」はどちらも有効

参考になる知識があれば、点と点を結びつけやすくなる。予想外の出来事の重要性を理解できるのは、たいてい全体的な流れが明らかになった後、そしてエウレカ・モメント（わかった！　という瞬間）が訪れるのは、知識を蓄えるための準備期間の後と相場が決まっている。

私たちはそれぞれの人生のエキスパートであり、自分で意識しているか無意識かは別として、予想外の出来事に遭遇したときに頭に浮かんでくる知識はそれなりにある（ただしその出来事に対して胸を躍らせ、意欲が高まっていればという条件つきだが）。

知識があっても、使う機会が現れるまで、どう使えばいいかわからないこともある。

スティーブ・ジョブズには、大学で学んだカリグラフィーの知識がいつ何の役に立つのか、見当もつかなかった。それがようやくわかったのは、マックのためにたくさんの書体をデザインしていたときだ。

同じことが法律についても言える。ドラマ『スーツ』を観ていると、主人公のハーヴィー・スペクターやルイス・リットが危機に直面したとき、何気ない会話やたまたま目にした資料のなかから、まさにセレンディピティのようにアイデアを思いつく場面がよく出てくる。

点と点を結びつけることができるのは、新たな情報を既存の知識（法律の知識のこともあれば、敵に関する知識のこともある）と結びつける能力が備わっているからだ。２人の使う知識の多くは特定の目的のために習得したものではなく、必要なときに使える汎用的なものだ。

個人と同じように、組織も集団としての記憶を蓄える。過去の「実験」や取り組みから得た知識は、セレンディピティにおいてきわめて重要な役割を果たす。こうした視点に立てば、失敗や無駄のとらえ方は一変する。

失敗も無駄も、うまくいくこと、いかないことに関する重要な情報源だ。

自らに備わった知識や能力を理解し、オープンマインドと組み合わせれば、予想外の出来事が起きたときに点と点をつなげる能力は大幅に高まる。

オープンマインドを保つことはとても重要だ。サンフランシスコの大手ソフトウエア会社、セールスフォース創業者のマーク・ベニオフは、禅僧、鈴木俊隆の「初心」の教えを大切にしている。「初心者の心の中は可能性に満ちているが、達人と呼ばれる人たちの心にそれはほとんどない」。

ベニオフは自分の「強み」は**何か具体的な目標を掲げるのではなく、あらゆる可能性に対してオープンでいたことだ**、と振り返る。

スティーブン・デスーザとダイアナ・レナーは共著『「無知」の技法』で、初心者の心でいることの大切さ、そして何かを学ぶには自分のコンフォート・ゾーン（安心できる場所）から踏み出す必要があることを説いている。

第4章で紹介した起業家のカラ・トーマスは、セレンディピティはたいてい「わからない状態」で起こるという。

要するに、蓄えた知識も初心者の心も、使うタイミングを間違えなければ、そして自らを抑えるブレーキにならなければ、どちらもセレンディピティを生み出すのに有効なのだ。

芸術から学べること

セレンディピティ・トリガーを生み出し、点と点をつなげる方法については、芸術から多くを学ぶことができる。

芸術家は偶然の出来事や逸脱から着想を得ることが多い。予想外こそが芸術の源ともいえる。

20世紀を代表する抽象画家であるジャクソン・ポロックが「私は偶然を認めない」と語った話は有名だ。それはどういう意味だろうか。

彼の作品は、批評家からはでたらめにキャンバスに絵の具をぶちまけているだけと見られることもあったが、ポロック自身は、一見ランダムに見える動きのなかにも一定の方法論と意図があると考えていた。

「偶然を認めない」というのは、絵画のイメージが事前にできあがっていたということではない。ポロックにとって偶然とは、意図的なものであると同時に、自然発生的なものだったのだ。

あるいは演劇、ジャズの即興演奏、コメディを考えてみよう。いずれにおいてもアーティストは予想外の自然発生的な展開に対してオープンだ。自ら引き起こすこともあれば、観衆や共演者からもたらされることもある。

うまくいけば無意味で統制の利かないカオスではなく、クリエイティブな緊張感が生まれ、それは往々にしてセレンディピティにつながる。

芸術から学べる戦略が3つある。①リミックス、②リブート、③ディコンストラクションだ。いずれも思い込みを問い直し、点と点をつなげるのに役立つ。セレンディピティを起こすのに有効だ。

①リミックス

私たちには自分の立場や意見を持ち、それを守ろうとする傾向がある。そして、物事をゼロサムで考えようとする傾向がある。

つまりこちらの得るものが増えれば相手の取り分は減るし、その逆もまた然りだ。交渉の際はたいてい、自分の立場と相手の立場を敵対的なものと考える。

しかしそんな場面でも、統合的でウィン・ウィンな結果を導き出せるケースは多い。その場合、重要なのは、**両方が得をする方法を探すこと**だ。お互いの立場ではなく、根底にある利害に意識を集中すると、それが可能になる。

相手の情報や利害を理解しようとするのは、探究的なプロセスだ。立場を固定的なものととらえず、新たな情報に応じて変化する流動的かつ柔軟なものと考える。そして、予想外の解決策が浮かび上がるまで、情報のやりとりを続ける。

この「流動性」はさまざまな分野に当てはまる概念だ。

芸術家も、自らの手足を縛るようなイデオロギーからなるべく自由でいようとする。流動性を大切にし、世界を新たな視点で眺め、硬直的で体系化された枠組みを否定する。

彼らは常に複数のアイデアを融合させ、組み替え直すことで、新たな気づきを生む。ロシアの映画監督セルゲイ・エイゼンシュテインは2つの独立した映画を組み合わせ、編集すると「第3の意味」が生まれると語った。

芸術的コラージュも同じで、大切なのはサブリミナル（意識下）の連想が働くようなバラバラな要素を融合することだ。

つまり**リミックスの威力は、個々の要素ではなく、それらの関係性、意外性のある新たなつながりから生まれる**。インデックスカードにシーンの概要を書き、並べ方を変えてさまざまなストーリーを検討する脚本家の手法は大いに参考になる。ストーリーは1つでも、その語り方は何通りもあるということだ。

②リブート

リブートとは思い切った再スタートにほかならない。新たなアイデアやプロジェクトや文学は、過去の作品に依拠しつつ、思い切った変革あるいは「方向転換」をすることがある。

たとえば漫画がそうだ。エミー賞にノミネートされた脚本家で大学講師のブラッド・ジョリは、ストーリーの賞味期限は短いと指摘する。しばらく経つと、筋書きのパターンが枯渇したように思えてくる。すると新たなパターンが登場して古いものを上書きする。読者は元の物語に戻るが、それまでより内容はバージョンアップしている。

身に覚えがある、という人もいるかもしれない。私の友人にも、中年の危機を経て新しい自分に生まれ変わった人は何人もいる（たいていはリブートというよりリミックスというほうが実態に近いのだが）。

そして私自身、自動車事故を起こした後、リブートを経験した。リブートとは、既存の秩序やストーリー展開そのものが変わってしまうことだ。

リメイクが1つの作品をつくり直すことであるのに対し、リブートはそれまでの作品すべてをつくり直すことだ。リミックスが原材料の配合を変えることであるのに対し、リブートは土台からつくり直すことだ。

リブートとは新たに土台となるコンセプトを生み出し、ストーリーを最初から書き直すことだ。トランプのカードをシャッフルするのではなく、カードそのものをつくり直すことだ。

古いモデルと形は似ていても、内容は大幅に変わっている。リブートはしばらく停滞期が続いた後に起こることが多い。たとえば知的に行き詰まっていて、新しいひらめきを必要としている状態だ。

リブートには手元の材料をよく理解すること、そして従来のパターンを打破することの両方が必要だ。それによって新しい（そしてたいていは予想外の）気づきが得られる。人生や組織のリブートも同じだ。ときには抜本的改革が避けられないこともある。

たとえばキリマンジャロ登山など、極端な状況に身を置くことでリブートを試みる人も多い。

LSEやNYUでは、学生を危険地域で活動する組織に送り込む。学生は長期間にわたり地元の人とともに暮らし、活動する。それをきっかけに、社会に出たらまずは退屈な職場で10年は修業しなければならないといった常識に疑問を抱き、すぐに本当に意味があると感じられるプロジェクトにかかわるという選択肢もあることに気づく。

③ディコンストラクション

ディコンストラクションとは、あるものの構造を打ち壊し、そこに潜んでいるものを発見することだ。想定どおりの結果や最終目的の達成ではなく、あてのない試行錯誤や挑戦を通じて文芸作品などの脱構築を目指す。その結果、興味をそそる意外な結果が生まれることが多い。

たとえばスクラッチボードというシュルレアリスムの画法では、絵筆を上下ひっくり返し、持ち手の部分ですでにキャンバスに塗った塗膜を剥がしていく。

あるいはグレゴリー・マグワイアの著書『ウィキッド』は、『オズの魔法使い』をディコンストラクションした作品で、オズでは脇役かつ悪役だった西の魔女の人生を描き直している。

これは、**前提や偏見に疑問を抱き、文化において常識とされることを拒絶し、これまで顧みられてこなかった人々の意見に耳を傾ける行為だ。**

古代ローマには農神祭と呼ばれる祝祭があった。8日間にわたる祭の間は、社会の規範がひっくり返る。主従関係は逆転し、男性は女装を、女性は男装をする。毎年この儀式の間は一時的に社会的差異が見直され、カタルシスがもたらされた。

視野を広げれば、カウンターカルチャーも文化的規範を逆転させる役割を果たしてきた。

それはたいてい自然発生的で予想不可能なイノベーションであり、そうした環境ではセレンディピティが起こりやすい。

ウォーレン・バフェットのビジネスパートナーであったチャーリー・マンガーは、2007年に南カリフォルニア大学の卒業式で行った有名なスピーチで、「逆転の発想」の大切さを説いた。問題を順を追って考えていくだけでなく、後戻りしながら考える習慣を身につけるべきだ、と。

問題は逆方向に考えていったほうが、解決しやすいことが多い、とマンガーは説く。たとえば「ソマリアを助けたい」と思った場合、「どうすればソマリアを助けられるか」という問題の立て方をするのではなく、「ソマリアを最も蝕んでいる問題は何か。どうすればそれを避けられるか」と考える。

論理的に同じことではないかと思うかもしれないが、そうではない。代数と同じで、反転させることで初めて解ける問題もある。

マンガーの逆転の発想のもう1つの例を挙げよう。「私が一番知りたいのは、自分がどこで死ぬかだ。わかったら、絶対そこには行かないから」。

データマイニング・バカにならない

リミックス、リブート、ディコンストラクションが重要なのは、既存の想定が正しいことを確認するためにひたすら情報を集める「データマイニング・バカ」になるのを避けるためだ。

私たちが目指すべきは**「現実的な哲学者」**だ。疑問を抱き、想定をうのみにせず、視点を変えることを厭わず、行間を読む。

多くの分野において、前提を疑うことは有意義な人生を送るためのカギを握る。マレー・S・デイビスの論文「That's Interesting!（それはおもしろいね！）」は、過去数十年にわたって博士号を目指す学生たちを勇気づけてきた。

そこでマレーは、世界に有意義な貢献をする方法はたくさんあることを示している。最も重要なものの1つが、**読者が共有している前提を否定してみせること、あるいはそれが当てはまらない状況を具体的に示すこと**だ。

これは芸術家がよく使う手法だが、世界で最も成功しているリーダーたちにも同じ傾向がある。リーダーズ・オン・パーパスの研究で、世界で最も高い成果を挙げている

ＣＥＯ31人をインタビューしたところ、その多くは世界の現状に常に疑問を投げかけていた。

想定に疑問を抱き、覆すことを厭わない。それによってセレンディピティが起こるためのオポチュニティ・スペースを生み出しているのだ。

絶対的な基準を探し求めるより、今自分が置かれた状況で何が重要なのかを考えるほうがいい。意味というのは定まったものではない。異なる視点の衝突が起きたとき、お互いの関係性のなかで意味が明らかになることもある。

だからこそそんな衝突が起きたとき、セレンディピティを生み出すことができるのだ。

セレンディピティにはユーモアも効果的

点と点をつなぐ能力を高める方法は、他にもたくさんある。クリエイティブな人はよくアナロジー思考をする。ある分野の情報を他の分野の問題を解決するのに使うのだ。

アナロジー思考を訓練する方法として、さまざまな類似性のパターンを学び、オポチュニティ・スペースを広く設定する、というものがある。そうすれば特定の問題が与えられたとき、解決策を見つけられる確率は高まる。異なるモノの間に類似性を見出そうとすれば、解決の糸口が見つかるかもしれない。

もう1つが、刺激的アイデアを使って新たなアイデアを生み出すという方法だ。極端な考え、あるいは希望的観測を語るのは、大胆なアイデアを生み出し、そこに共通して見られる新たなパターンを探すのに有効な手だ。

とりわけ遊び心は、セレンディピティやイノベーションを誘発するのに有効であることが示されている。娯楽には新たな発見に役立つものが多い。ルールを破り、試行錯誤するという要素が含まれているためだ。それは既知の世界を離れ、未知の世界へと足を踏み出すきっかけとなることもある。魔法が起こるのは、そんな場所だ。

自然のなかでのリトリートを通じて、参加者が心のなかの若々しい自分を再発見できるようにするコミュニティもある。肩の力を抜き、いろいろなものから自由になることでさまざまな壁を取り除く。

アルベルト・アインシュタインは遊びが生産的思考に欠かせないことにいち早く気づいていた。子供がレゴブロックで遊ぶように、アインシュタインは常にさまざまなアイデア、イメージ、思考を組み合わせていた。

スティーブ・ジョブズは特にこの能力が優れていた。クリエイティビティとは単にさまざまなモノを結びつける作業にすぎない、と語ったのは有名な話だ。

クリエイティブな人は「なぜそんなすごいことができたのか」と聞かれると少し罪悪感を覚える。というのも、**実際には何かしたというより、「気づいた」だけだからだ**。しばらく考えたら、それがあるべき姿だと思えてきたのだ。

こうした考え方は人類史を通じて脈々と受け継がれてきた。古代ローマ時代の哲学者、政治家であったセネカは、ルネッサンス時代の思想家や芸術家に多大な影響を与えた人物だが、アイデアを集め、ふるいにかけ、組み合わせて新たなアイデアを生み出すことの大切さを説いていた。

新しいゲーム、難しいパズル、あるいは新たな舞台を楽しんでいるときには、新たなバイソシエーションが生まれやすい。そして楽しい経験をしているときにはユーモアのセンスを発揮してみよう。

セレンディピティをたくさん経験する人は、たいていすばらしいユーモアのセンスを持っている。アレクサンダー・テラインのケースを紹介しよう。

パリに到着した時点では、アレクサンダーは友人のウエディングディナーに出席することになるとは夢にも思わなかった。招待もされていなかったのだから、当然だ。

その日はスケジュールが詰まっていたので到着が遅れ、空いていたのは花嫁の妹、リワ・ハーフォウシュの隣の席だけだった。リワとは何年も前にオンラインでつながっていたが、実際に会ったことはなかった。

そこでアレクサンダーは、着席するときに、リワとその両親にこんなジョークを飛ばした。「この瞬間をもう10年も待ちわびていたんですよ！」。

リワにとって、今や夫となったアレクサンダーとのこの偶然の出会いは、宝物のような思い出となっている。

まとめ

セレンディピティは単一の出来事ではなく、プロセスだ。プロセスを支えるのはトリガーを生み出し、発見し、点と点をつなぐ能力だ。そうした努力によって偶然が幸運へと変わる。

会話のなかに「釣り餌」をちりばめる、セレンディピティ爆弾を仕掛けるなど、トリガーの種をまく方法はたくさんある。

そして誰かと話をするたびに、そこで聞いたことを一見何の関連もなさそうな他のことと常に結びつけようと努力することで、点と点がつながっていく。それによって自分のセレンディピティ・フィールドが強化されていく。

ただ、こうした知識があっても、実践しなければ始まらない。ここでもう1つ、セレンディピティ力を高めるためのエクササイズに取り組んでみよう。

やってみよう

種をまいてみよう

1　次の会話で使えそうな「釣り餌」をたくさん考えてみよう。特に「仕事は何をしているんですか」と聞かれたときの答えがいい。それを3～5個まとめた（簡潔な）答えをつくろう。そうすれば相手はそこから自分と一番関係のあるものを選ぶことができる。後は会話を楽しむだけだ。

2　自分の関心分野を1枚の紙に書き出してみよう。そこに興味深い釣り餌を盛り込み、体験と結びつける。不遇な環境で育ったにもかかわらず予想外の成功を収めたのだとしたら、その物語を語ろう。高校で留年した経験が本当の自分を発見するのに役立ったのなら、その話を語ろう。自分という素材をさまざまな舞台に差し出してみよう。

出身高校や大学、あるいは自宅近くの大学や学校と連絡をとり、卒業生あるいは学生向けのイベントで講演する、と申し出てみるのもいい。「ある卒業生が自分の道を見つけた方法」というテーマはどうか。ハフポストのようなプラットフォームで、そんなテーマでブログを投稿してもいい。

3　セレンディピティ爆弾を仕掛けよう。あなたが一番尊敬している人でリンクトインなどのプラットフォームで連絡のとれる人、あるいはメールアドレスのわかる人を探してみよう。その人に、これまでどんな影響を受けてきたかや、自分のキャリアとこんなふうにかかわってほしい、という思いを率直に伝えよう。

これは数の勝負なので、できるかぎり具体的なメッセージを作成するよう努めつつ、なるべくたくさんの人に送ろう。少なくとも5人以上だ。

4　大勢の前で話をするときには、予想外の事態への備えをしておこう。たとえば講演中に、誰かのスマホが鳴ってしまう。プロジェクターが故障する。用意していたジョークがまったく受けなかった。

そんなケースを想定して、返しのジョークを用意しておこう。予想外の事態でも落ち着いている様子を示せば、聴衆を味方につけることができる。

5 あなたの住んでいる街に大学や公共施設（図書館など）があるならば、月１回は公開イベントに参加してみよう。講演後の質疑応答に備えて気の利いた質問を考えておこう。そうすれば講演者に覚えてもらいやすくなり、イベント終了後に会話が弾みやすくなる。相手の連絡先を聞いて、すぐにフォローアップのメッセージを送ろう。

6 初めて誰かと会ったら、その人の人生にどんな貢献ができるか、紹介できる人はいないか考えてみる。月１回は新しい人を誰かに紹介しよう。２人にどんな共通点があるかを考え、紹介するときにそれに触れつつ、限定的になりすぎないようにしよう。

7 ネットワーキングを目的とするイベントを主催する際には、参加者に①今一番興味を持っていること、②抱えている一番大きな課題、③お気に入りのセレンディピティ・エピソードを共有してもらおう。

会話の相手が話しているときには、積極的傾聴を心がける。最近聞いた話で、相手の興味を持っていることや課題と関連するものはないか、と。

第6章

アイデアをつぶさないためにできること

セレンディピティは1回限りのサプライズと思われがちだ。だが、トリガーからバイソシエーションまでには長い「インキュベーション（孵化）期間」があり、それから最終的な機会が出現するまでに、さらにもう一度インキュベーション期間がある。

好ましい偶然を好ましい結果に変えるには

アイデアはもともと私たちのなかにあり、それが何らかのトリガーによって喚起され、形になるケースも多い。

こんなアイデアは意味がない、それほど重要ではない、あるいは「今は忙しすぎる」など、自分ではさまざまな理由から封印したつもりになっていても、脳は引き続きせっせと情報を処理し続ける。

この無意識下の活動は、脳の電気的活動を測定する機器でも追跡できる。脳のネットワークは日々の問題解決、エラーの検出、問題解決に大きな影響を及ぼす。

私たちは無意識のうちに時間をかけてたくさんの情報を統合する傾向がある。その結果、ある時点で**「エウレカ・モメント」**が訪れる。

エウレカ・モメントは偶発的なもののように言われるが、**実は私たちはそれとつながりのあるアイデアをもともと持っており、何らかのきっかけや好ましい結果が生じて点と点が結びつくまで忘れていただけということも多い。**

出会いは日常的に、あらゆる場所で起きている。

私が最近ハーバード大学の研究者や世界銀行と行った共同研究では、世界で最も成功しているCEOたちは、自分自身や会社の運命を変えるような重大な出来事を経験する前に試行錯誤を繰り返していたことが明らかになっている。

そして後から振り返って初めて、好ましい偶然が必然的に起こるような環境を自ら生み出していたことに気づく。**好ましい偶然を好ましい結果へと転換できたのは、彼らに粘り**

強さと賢明さがあったからだ。

セレンディピティにはたいていインキュベーション期間があり、それをくぐり抜けるためには粘り強さと知恵が必要だ。

当初はつながりに気づかない、心の準備ができていない、あるいはそのアイデアに重要性を見出せないといった場合もある。**インキュベーション期間とは、何かを意識の片隅に置いてから「突然の気づき」までの時間**と言える。

インキュベーション期間はたいてい5分から8時間だが、はるかに長くなることもある。ときには何年もかかる。いずれにせよ、ひらめきやつながりの本当の起源は往々にして忘れられているか、あるいは追跡不可能なものだ。

エウレカ・モメントの種は本当はずっと昔にまかれていたにもかかわらず、きっかけは最近の会議だったとされたりする。

周到な準備からいいアイデアが生まれる

私たちはここから何を学べるだろうか。アメリカの広告業界のカリスマであったジェームス・ヤングは、アイデアを生み出すシンプルな方法を実践していた。そこから生まれるアイデアは一見偶然の思いつきのようで、実は周到な準備に基づくものだった。たとえばリビングルームを改装するアイデアを探すときはどうするか。グーグル検索で事例を調べたり、友人の意見を求めたり、視点を変えて検討してみたりする。

あなたの好みのスタイルはどんなものか。パートナーの好みは？　友人たちはどうか。やがてあなたは好みのデザインを見つける。それをさらにじっくり寝かせる。するとある日、シャワーを浴びていると「これだ！」という瞬間が訪れる。

突然の出来事だが、こうして生まれたアイデアは単なる思いつきではない。**それまで検討してきたありとあらゆる点、そして点と点との結びつきから生まれたものだ。**

要は頭にできるだけたくさんの情報を与え、それから無意識が答えを見つけ出すまで時間を置いたのだ。寝ている間に無意識のうちに検討できるように、検討すべき問題は夜寝る前に読むという人も多い。

熟睡するには好ましくないかもしれないが、インキュベーション期間を置くことで、エウレカ・モメントが訪れる可能性がある。

これはあらゆる分野に当てはまる。ポスト・イットやペニシリンなど、世界的に有名なセレンディピティによる発見の多くは、実現するまでに長い時間がかかっている。発明者が大元の発見の価値を理解し、周囲を説得するまでにかかった時間だ。

完璧でないことを許してみる

偶然の発見を好ましい結果につなげる能力は、どうすれば高められるのか。

私たちは意識的あるいは無意識的に、さまざまな理由からアイデアを抑え込もうとする傾向がある。**特定の人間関係や状況に縛られていたり、漠然とした不安を感じていたり、口先だけの人間だと思われないかといった思いがブレーキになる。**

本書もセレンディピティの賜物であると同時に、私自身が心のブレーキを克服しようと努力した結果だ。

私は何年も前から、ビジネスと理想を一致させる方法について本を書こうと考えていたが、いつも時期尚早だと感じていた。企画書まで完成させたものの、何かがブレーキをかけていた。

そんななか、友人のグレース一家と一緒に休暇を過ごすことになった。ある晩ミャンマーの海辺でお酒を飲みながら、私は自分が書こうと思っているテーマを話してみた。だがグレースたちの表情から、それほどピンと来ていないのは明らかだった。

それでも親切な彼らはこう聞いてくれた。**「他に本にしたいアイデアはないの?」**。

そのときなぜか頭に浮かんだのは、私生活でも研究のなかでも繰り返し登場するセレンディピティというテーマだ。

頻繁にセレンディピティを経験する人がいる一方で、人生で一度も経験しない人がいるというのは、とても不思議なことに思えた。

セレンディピティについては検討すべきエビデンスがあり、発生頻度を高めるための科学的方法を示すことも可能かと思われた。それまでの15年で、私は相当な資料を集めていた。

それを聞いて、グレースたちの表情は一変した。「それはおもしろいよ！」と誰もが夢中になった。その晩、私はこの本に盛り込むべき内容をすべて書き出した。**こうして、本書の種はまかれた。**

その後、何度も執筆を始めようとしたものの、そのたびに私は、「やることリスト」の下のほうに押しやってしまった。

「薄っぺらい人間だと思われたくない病」が頭をもたげ、もっと研究したり、多くの人の話を聞く必要があると思えてくるのだ。

しかも自分の人生におけるさまざまな物語がまだ進行中なのに、さらに新たな章をスタートさせることに不安もあった。

時間はかかったものの、聡明ですばらしい人たちと会話を重ねるなかで、私は自由になることの大切さを学んだ。

「完璧な本を書かなければならない」という自分や周囲の期待から自由になること。

人生の新たな章を始める前に、他の章をすべて完結させなければならないという考えから自由になること。

特定の成果を挙げなければならないという意識から自由になり、ここ15年間やってきたことを振り返り、その意味を考える機会を楽しむこと。

自分が納得していない過去の決断を受け入れ、そのときの状況に立ち戻って適切な判断であったかを考え、後悔から自由になること。

私はあらゆる事態に備えておきたい、できるだけ多くの人と良好な関係を築きたいと思うタイプだが、**常にすべてを完璧な状態にすることはできない**と学ぶ必要があった。

ようやく準備が整った私は、ミャンマーでまかれたセレンディピティの種を好ましい結果につなげようと、全身全霊で本書の執筆にとりかかった。

弱さをさらけ出してもいい

ブレネー・ブラウンの「弱さ」に関する研究は、この点について多くの気づきを与えてくれる。ブラウンは、弱さと勇気は表裏一体だと考えている。**弱さとは、結果がどう転ぶかわからないときに、それを率直に伝えることだ**。

ブラウンは自分が「弱さ」の権威になったのは偶然で、弱さとことん向き合った結果だという。以前「ＴＥＤｘヒューストン」への登壇を求められたとき、主催者にこう言われたという。

「内容についての縛りは何もありません。すばらしいトークにしてもらえさえすれば結構です」。

そこでブラウンはいつもの学者然としたスピーチではなく、自分自身が「弱さ」を感じる場面について語ることにした。聴衆の心に訴えるような自分自身のエピソードを語り、弱さをさらけ出したのだ。

これをきっかけに、ブラウンの知名度は飛躍的に高まった。それはブラウンの研究が、多くの人にとって共感できるものだったからだ。ブラウンは自らの研究の体現者となった。

ＴＥＤのウェブサイトでも大きく取り上げられ、４０００万回以上視聴されるなど、ＴＥＤ史上最も人気のあるトークの仲間入りを果たした。

だが当のブラウンは、複数の視聴者から厳しいフィードバックを受けたことにショックを受け、現実逃避をしてテレビ番組の『ダウントン・アビー』を一気に観た。シリーズを観終わった後、寄り道の延長としてダウントン・アビー時代の大物政治家について調べてみた。

そこで出会ったのが、セオドア・ルーズベルト元アメリカ大統領だ。ルーズベルトの以下の言葉は、その後のブラウンの研究やモノの考え方の基礎となり、著書のタイトル（Daring Greatly〈大胆に挑む、邦訳のタイトルは『本当の勇気は「弱さ」を認めること』〉）にもなっている。

重要なのは批評家ではない。勇気ある者の失敗をあげつらう者でもなければ、行動した者に「もっとこうすれば良かった」と注文をつける者でもない。称えるべきは、現場に身を投じ、埃と汗と血にまみれた顔をしている者。勇敢に戦った者。挑戦に失敗や力不足はつきものであることを理解し、失敗や挫折を厭わない者。もがきながら事を成し遂げようとする者。すばらしい情熱と献身を知っている者。

高邁な理想に身を投じる者。うまくいったときには偉業を成し遂げた達成感を味わい、うまくいかなかったときでも少なくとも大胆に挑んだ末に敗れる者だ。

こうした者たちが、勝利も敗北も知らない冷淡で臆病な者と同列に扱われることは決してない。

才能だけでなく粘り強さも重要

「一夜にして成功を収めた」という話を聞くと、私はいつも疑問を感じてしまう。成功はたいてい、何年にもわたる努力と粘り強さがもたらす。本人の**グリット（やり抜く力）**と粘り強さがなければ、成功への長い旅路がいつ何どき不運に見舞われて頓挫してもおかしくない。

リンクトイン創業者のリード・ホフマンは、限られた人だけが正しいタイミングで正しい場所に居合わせる幸運を持っているという幻想を否定する。もちろんタイミングは重要だが、成功のカギを握るのは情熱とグリットだ。

X（旧ツイッター）、ミディアム、ブロガーを創業し、「ブロガー」という言葉そのものの生みの親となったエヴァン・ウィリアムズのケースを見てみよう。ブロガーが成功したのはタイミングが良かったこともあるが、そこまで行きついたのは金欠に陥ったとき（スタートアップ企業ではよくあることだ）にウィリアムズがグリットを発揮したからだ。

粘り強さが重要だというのは、当たり前のことのように思えるかもしれない。だが私たちは、才能より努力のほうが重要だと口では言いながら、心のなかではその逆を信じている。自分のアイデアがうまくいかなかったり、昇進できなかったりすると、「私は才能がないんだ」と思うのだ。

だがアンジェラ・ダックワースはさまざまな分野で成功している人々を分析し、グリットのほうが才能よりはるかに重要であることを示した。結局のところ、本心ではどう思っていようと、私たちが自分自身に言い聞かせていることは正しいようだ。

この矛盾を解決するには、どうすればいいのか。ダックワースが勧めるのは、**日常的な小さな目標を設定することだ**。

その目標は、日々ささやかな勝利を積み上げつつ、それと同時にもっと大きな夢やビジョンの実現に近づき、意欲を保てるようなものにする必要がある。この2つの要素を組み合わせれば、好ましい結果が起こりやすくなる。

そのためにもリーダーや保護者は叱咤と激励の両方を与えなければならない。

レディー・ガガは2019年にアカデミー賞主題歌賞を受賞したスピーチで、こんな美しい表現で語っている。

あなたが今、自宅のソファーに寝そべってこれを観ているのなら、私がお伝えしたいのは1つだけです。この仕事は大変なのだ、と。私はずっと懸命に努力してきました。大切なのは勝つことではありません。諦めないことです。

あなたに夢があるなら、それを勝ち取るために戦ってください。情熱を叶えるためには自己規律が必要です。何度拒絶されるか、失敗するか、打ちのめされるかが問題ではなく、何度立ち上がるか、勇気を持って前に進み続けるかが重要なのです。

成功は、山ほどの失敗のあとに訪れる

運に関する私たちの評価は時間とともに変わることもある。状況や入手できる情報によって、同じ出来事でも解釈はまったく違ってくる。

厳しい状況でやめてしまえば、不運として終わってしまう。他のエンディングの可能性が残っているのに、物語を完結させてしまうことになる。

共同創設者となった組織が破産しかけたとき、私は何をやっても裏目に出るような気が

した。組織のアイデンティティも私自身のそれも、脅かされているように感じた。だが長い目で見れば、これは組織にとって幸運なことだった。投資家と距離を置き、コミュニティに軸足を置いた運営に舵を切ったことは、組織のアラインメントと持続性にプラスだった。

だがそれは後になって初めてわかったことであり、そうなるまでに感情的な浮き沈みをたくさん経験しなければならなかった。主要メンバーがあれほど粘り強くなかったら、まったく違う結果に終わっていた可能性もあった。

私は今でも高校を退学させられた日のことを覚えている。退学になっただけでなく、同じ学年をもう1回やり直さなければならなかった。放校自体、愉快なものではなかったし、もともと拒絶される恐怖や疎外感を常に抱いていたので、なおさらだった。

新しい学校では先生には恵まれたが、それでも私がアビトゥーア（ドイツの大学入学資格試験）に合格したのは奇跡としかいいようがなかった。悲惨な高校の成績表と、何とか体裁を整えた願書を用意し、私は40以上の大学に出願した。

チャンスを与えてくれたのは、小規模で進取の気鋭に富む応用科学系のフルトヴァンゲン大学だった。その後はLSEで修士号と博士号を取得し、最終的にNYUとLSEで教壇に立つことになった。

こんな私の経歴は、2通りの伝え方ができる。高校卒業後はフルトヴァンゲン大学に行き、さらにLSE、NYUと順調にキャリアを重ねました、というのが1つ。「努力と、多少の幸運に恵まれたおかげです」と。

もう1つはもっと生々しい伝え方だ。高校を落第し、さらに自分を引き受けてくれる大学探しにも苦労した。遅まきながら勉強に目覚めて何十という大学に出願し、通学している大学以外の遠くの大学の講義にも参加してスキルを磨いた。

大学院に進む際にも数十校に出願した。そうしてようやくLSEに受け入れてもらうことができ、キャリアが一気に拓けたのです、と。

なぜこんな話をするのか。私の人生は、今ではセレンディピティに満ちている。日々セレンディピティに巡り合う機会を与えてくれるプラットフォームを見つけたからだ（ただし内向的自分に戻る日曜日は除く）。

だが人生の初めのほうはそうではなかった。最初の壁の前で諦めていたら、まったく違った人生になっていたかもしれない。**何が変わったかといえば、人生に対する向き合い方だ**。

人生にはもっと深い意味があることに気づき、困難な状況でも前に進もうとするようになった。粘り強さを持たずに、長期間にわたって幸運を謳歌し続けた人にはまずお目にかかったかったことがない。

成功はたいてい、山ほど失敗を繰り返した後に訪れる。

ロンドンで活躍する起業家、ベン・グラビナーのケースを見てみよう。ベンはロンドンのベンチャーキャピタル（ＶＣ）に片っ端から起業のアイデアを売り込んだが、門前払いされてきた。だがそれでおしまいとは思わず、連絡を取り続けた。相手のレーダー圏内にとどまり、何度も挑戦したのだ。

ベン自身の言葉を借りれば「ＶＣにつきまとった」という。あるとき、その粘り強さに感心したＶＣから、プラトゥーンという新たなベンチャーの共同創業者にならないかと声がかかった。

プラトゥーンはのちにアップルに買収されたが、ベンはその共同経営者を務めている。ベンは粘り強さを発揮することでこのような状況を呼び込み、実際にチャンスが到来したときにはそれを見抜いた。

粘り強さがセレンディピティをもたらすことを、まさに体現する人物と言える。

負の感情を避けるのではなく、対処する

ここに挙げた例は、次に何が起きるかを常に予測しようとするのではなく、何が起ころうと対応できるような備えをしておく、という選択肢を示している。

これは免疫系の働きに通じるところがある。幼い頃に多少汚れのついた食材を口にしていれば、体内に抗体ができ、後の人生で助けになる。

一方、子供の頃にありとあらゆる細菌を排除していると、大人になっても免疫系はそれほど発達していないかもしれない。予想外を受け入れるのではなく、抑え込もうとすると、かえって自分が弱くなる。

常にリスクを管理し、ミスの可能性を抑えようとするより、**予想外に備え、状況を見きわめるためのレジリエンスと粘り強さを身につけたほうがいい**。そうすれば予想外は脅威ではなく機会になる。

状況をコントロールしようとしすぎるのは、予想外を受け入れるのではなく避けようとすることに等しく、不測の事態に対して弱くなる。

社会、家族、そして私たちの身体のような複雑なシステムでは、さまざまな要素が互い

に絡み合っており、直線的な反応は返ってこない。お酒を飲むと人生はある程度愉快になるかもしれないが、度を超えるとはるかに困難なものになる。

他人を大声で怒鳴りつけると、あなたの思いはかえって伝わらなくなるどころか、むしろ逆効果になる場合もある。薬の服用量を2倍にしても効果は2倍にならず、むしろ危険だ。

複雑なシステムへの介入は、決まって予想外の影響を引き起こす。ベトナム戦争からイラク戦争まで、西欧諸国が「敗れた」戦争を振り返ってみるとそれがよくわかる。介入がかえって事態を悪化させるのは、たいてい予想外の影響を見過ごしている、あるいは理解できていないためだ。

どのような影響が生じるかを理解せずに介入し、コントロールしようとすると、対象となる人、コミュニティ、あるいはシステム全体を弱くしてしまう。過保護の両親に育てられた子供が、大人になっても他者といるのに不安を感じるようなものだ。

ナシーム・ニコラス・タレブは反脆弱性に関する著書のなかで、説得力のある主張をしている。システムは予測不可能なショックや事象からダメージを受けるのではなく、むしろそれらを活かして絶えず再生していくのだ、と。

感情について考えるとき、この指摘は特に重要だ。私たちはネガティブな感情を抑え込もうとし、自分や他者のそうした感情を否定的に見る傾向がある。しかしネガティブな感情を避けるのではなく、うまく対処する方法を身につけるという選択肢もある。

失敗がもたらすネガティブな感情を恐れていたら、新しい挑戦などできない。

ハーバード・メディカルスクール教授で、『不安や疑念と向き合うスキル』の著者の1人であるスーザン・デイビッドは、つらい感情を好ましくないもの、避けるべきものととらえるのではなく、人生という契約の一部だと考えるよう勧める。

「ストレスや不満を一切感じることなく、充実したキャリアや家族を手に入れたり、より良い世界を生み出すことはできない。不満は有意義な人生を生きるためのコストなのだ」と。

たしかに現状への不満は、高い理想の裏返しであり、生産的な不幸にはたいてい意味がある。不確実性や予想外を受け入れるのと同じように、心の痛みやネガティブな感情を受け入れることは、挫折ではなく成功につながる。

すべては私たちのとらえ方次第だ。

レジリエンスを高める２つの方法

レジリエンスは、どうすれば高められるのだろうか。ここまでモチベーション、適応力、失敗から学ぶ能力（サミュエル・ベケットの言葉を借りれば「何度も失敗せよ、そして前より上手に失敗せよ」）の大切さを見てきた。

だがレジリエンスに必要なのはそれだけではない。アダム・グラントはこのトピックを深く研究しており、レジリエンスを高めるのに役立つ２つの方法を示している。

１つめは、過去の自分と向き合う能力を高めることだ。フェイスブックＣＯＯのシェリル・サンドバーグは夫に先立たれるなど困難な時期をくぐり抜けてきたが、そのなかで過去の自分と向き合うことを実践してきた。困難な状況に置かれたとき、昔の自分だったらどうするだろう、と考えてみるのだ。

たいていは過去と比べて、状況にうまく対応できるような新たなスキルを身につけていることに気づく。うまくいかなければ、これまでに経験した逆境を思い出し、それをどう克服したかを考えてみよう。

これまで上手に対処できた状況をいくつか覚えておき、新たに困難な状況に直面したときにはそれを思い出してもいい。
私は新しい研究論文を書き始めるとき、よくそうする。まっさらのページと向き合うのはつらいものだが、これまで何度もそれを乗り越えてきたという事実が、不安を少し和らげてくれる。とにかくひととおり原稿を書いてしまい、二巡めから本格的に仕上げていくという方法も役に立つ。

2つめの方法は視点を変えることだ。 グラントは子供たちが困難な状況に直面すると、他者の視点から見るよう促すという。

ダニエル・カーネマンの有名な意思決定プロセスに関する研究によると、私たちは困難な状況ではカーネマンの言う「システム1（自動的で直感的な速い思考）」に頼る。だが本当は「システム2（理性が支配する分析的な遅い思考）」を使うべきなのだ。

そこでグラントは子供から悩みを相談されると、反対にアドバイスを求める。「パパはどうすれば助けてあげられるかな」と子供に問いかけるのだ。そうすると子供は合理的視点から状況を見直すことができる。

いうまでもなく、**レジリエンスと粘り強さを養うことは、人生のあらゆる分野において重要だ。** 初めてのデートに出かける前に、結果を予測することは不可能だ。だがフラれても立ち直り、何度も挑戦する姿勢を身につけることはできる。その結果、「この人だ」という相手に巡り合えるのだ。

セレンディピティの可能性を機会に変えるには、努力と粘り強さが必要だ。逆説的ではあるが、すばらしいことを次々に成し遂げる「運に恵まれた人」は、たいてい集中力がとても高い。最も価値のある機会をふるいわけ、粘り強く追求する能力が高いのだ。

新しいアイデアはとかく抵抗を受けやすいので、自らの選んだプロジェクトを最後までやり抜く能力を持つことはきわめて重要だ。

往々にして、障害は他者の抵抗ではない。**最後までやり遂げる粘り強さを自分が持てるかだ**。自分自身が目標達成の妨げとなることは多い。

「セレンディピティは頻繁に起こるのだけど、それをフォローアップできなくて」という人は多い。この言い訳を聞くたびに私が1ペニー集めていたら、今頃新しいパソコンを買えていただろう。

セレンディピティのための時間の使い方

アイデアが生まれ、形となるまでには、時間と関心を注ぐ必要がある。

世界で最も優秀なコンピュータ・プログラマーの1人で、投資家でもあるポール・グレアムは、「メイカー（モノを生み出す者）とマネージャー（管理する者）」の時間管理の違いについて興味深いエッセイを書いている。**仕事の種類に応じて、予定の組み方や時間管理の方法に対する考えは変わってくる**、というのだ。

私がこれまで読んだエッセイのなかで最高傑作の1つであり、この考え方を取り入れてから私の人生は大きく変わった。セレンディピティからより多くを得られるようになり、生産的になった。

グレアムが言わんとしていたのは、こういうことだ。

マネージャーの1日は細かい枠に区切られ、その一つひとつが特定の問題に充てられる傾向がある。

その多くは人やシステムの管理にかかわるもので、事後対応的だ。こうした状況では、迅速かつ優れた意思決定能力がカギとなる。マネージャーにとってミーティングは業務遂行の手段だ。

一方メイカーのスケジュールを見ると、たとえばセレンディピティに関する本の執筆、ソフトウエアの開発、戦略立案、あるいは絵画の制作など、特定の作業に集中するためのまとまった時間が確保されている。

ベストセラー作家のダニエル・ピンクは毎朝具体的な目標を設定する。たとえば「今日中に500ワード執筆する」といった具合に。

それを達成するまでは、午前7時であろうと午後2時であろうと、他のことは一切しない。メールも電話も、一切受けないし、しない。とことん集中するのだ。それを来る日も来る日も繰り返せば、本が1冊書きあがる。

たしかに、誰もがピンクのように好きなように時間を使えるわけではない。ただこの方法を、土曜の午前あるいは水曜の夜など、特定の時間に限って実践することは可能だ。

メールや他の人の要求に常に振り回されていると思っていても、実際に「ここからは私の時間」と境界を引いてみると、周囲が受け入れてくれることは驚くほど多い。自ら境界を設定しないかぎり、メイカー時間は確保できない。

ストレスのない時間の使い方を探そう

このアプローチで重要なのは、メールやミーティングに時間を取られないようにすることだ。メイカーにとってミーティングは、**本当に取り組むべき仕事にかけられる時間を制限するもの**であり、そのコストは非常に大きい。

ミーティングによって、本来ひと続きであった時間が、もっと短い2つの時間枠に分割される。分割後の時間は、実のある仕事をするには短すぎる。メイカーがなるべくミーティングを避け、複数のミーティングを1つにまとめたり、自分のエネルギーレベルが低下する夕方などに固めて済ませようとするのはこのためだ。

私が学術論文あるいは新規事業のための新しいアイデアを考えているときというのは、何かを創造し、生み出そうとしているメイカーの時間だ。その世界にどっぷりと浸かり、優れた文書にまとめるためには、2時間程度のまとまった時間が必要だ。

対照的に、起業家として出資の話をまとめようとしているときには、次々とミーティングをこなしていくマネージャー的な働き方をする。

グレアムのエッセイを読む前は、私の1日の活動に両者が混在していた。少し執筆したら、誰かと会い、それからまた少し執筆をし、その合間にメールを確認する、といった具合に。

私はイライラすることも多かったが、その理由はわからなかった。

グレアムによると、私たちが分析的あるいはクリエイティブな作業をするとき、「乗ってくる」までにはしばらく時間がかかる。しかも没頭しなければ良い仕事はできない。

途中で電話がかかってきたり、メールを確認したり、同僚から「ちょっとコーヒーでも」と誘われた場合、そのコストはコーヒーを飲んでいる時間だけではない。仕事場に戻っても、再び作業に没頭できるまでにはかなり時間がかかる。

一方「マネージャーのスケジュール」で動いている場合、コーヒーを飲むのにかかる時間コストは、他のミーティングにかけるそれと変わらない。私はずっとマネージャーのようなスケジュールで、マネージャータイプの仕事をする人々に囲まれ、メイカー的仕事をしようとしてきた。それが間違いだったのだ。

たとえば20カ国以上で活動する優秀な若者たちのコミュニティ「サンドボックス・ネットワーク」では、短時間のスカイプ会議などで、すばらしい人たちと知り合いになる機会があふれている。それはそれで楽しかったが、アイデアを深く掘り下げる時間が取れていないという感覚は常にあった。

異なる作業に切り替えると、それにともなって注意力は減退していき、スイッチング・コストはきわめて高かった。本当に重要なアイデアを掘り下げる機会を逸していたのだ。それに生産的に仕事をしているという実感もなかった。

今ではたいてい午前中はアイデア、論文、研究のための時間として、午後はミーティングに充てている。午前が終わる頃には、すでにメイカーとして何かを生み出したような気分になっている。その副次的効果と言うべきか、午後にあまり生産的ではないミーティングがあったとしても罪悪感は薄れる。

メールのやりとりも意識的にゆっくりしている。ふだんは1日のうち、決まった時間に数回チェックするだけで、しかもすぐには返信しないことが多い。周囲はそのリズムに慣れてくれる。

また**多くの問題は自然と解決していく**（1日に何度も承認作業をしなければならない立場にある人には使えない方法だが）。おかげで私は、メイカー時間もマネージャー時間も、より集中して意欲的に過ごせるようになった。

これはセレンディピティには不可欠な条件だ。ストレスレベルが大幅に下がり、健康面でも大きなプラス効果があった。

チームのストレスを減らす時間の使い方

プログラマーのパフォーマンスを比較した実験では、驚くべき結果が出ている。なかには他のプログラマーの10倍もの成果を出す者もいた。

そうした差異を予測するのに有効な指標は、経験や報酬だと思うかもしれないが、**実際に最も有効なのは仕事に没頭するのに十分な物理的、精神的余地があったかどうか**だった。

最も高い成果を残したのは、従業員に物理的環境、中断されずに仕事をする自由、パーソナルスペース、プライバシーを与える会社に勤務していたプログラマーだった。

研究者のようなメイカー的業務に従事する人々にとって、壁や間仕切りの一切ないオープンプランオフィスが不向きな一因はここにある（実際オープンプランオフィスを導入すると、病欠が増え、生産性、集中力、仕事の満足度が低下する傾向がある）。

組織で意思決定をする立場にある人は、マネージャー・スケジュールで活動する傾向があり、部下も同じようなロジックで動いていると考えがちだ。だが実際にはそうではないことが多く、**多くのメイカーが不満を抱え、本来発揮できるはずの生産性を発揮できていない。**

メイカーとマネージャーでは休憩のとり方も違う。メイカーは誰かと会話するより、水を飲んだり新鮮な空気を吸ったりするほうを好む。前者は集中力を削ぎ、後者はそれを高める。

私はメイカーモードのときには、トイレにいく途中でも他の人と会わないように気をつけるほどだ。マルチタスクや他者と出会うことは、それほど没頭して取り組む必要がない活動をしているときなら新たな機会につながるかもしれない。しかし深い分析を必要とする仕事の場合には「モノタスク」が重要だ。

多くの分野では、「メイカー作業」と「マネージャー作業」のバランスをとって、セレンディピティ・トリガーが発生し、そこから何かが生まれる余地を生み出す必要がある。

そうしなければセレンディピティの機会が限られてしまうだけでなく、私たちの健康、幸福、生産性が損なわれるリスクがある。

まとめ

セレンディピティは必ずしも特定のタイミングで発生する単一の出来事とは限らない。その恩恵を享受するためには、粘り強さ、レジリエンス、そして自らの置かれた状況に価値を見出し、選別する能力が必要だ。

点と点のつながりが成果に結びつかないと気づいたときには見切りをつける力、逆にモノになりそうだと感じたときには諦めず、粘り強く取り組む力を身につける必要がある。さらにはこのようなバランスの良い判断を下せるように、自己と距離を置くスキルも身につけたい。

やってみよう

行動を変えてみよう

1 スケジュールを立てる際にメイカー作業のための時間を確保しよう。それをミーティングと同じように扱う。内省的な夜、あるいは内省的な1日をスケジュールに組み込もう（あなたがメイカーで、恋人がマネージャータイプなら、意図を説明しておこう。そうすれば「私と一緒にいる時間を大切にしてくれない」といった誤解を防ぐことができる）。

2 自分が一番エネルギッシュになれる時間をベースに、時間を管理しよう。ミーティングにはただ顔を出せばいいというものではなく、どんな状態で顔を出すかが重要なのだ。

3 あなたが経営者あるいはイベントの主催者ならば、社内あるいはコミュニティ内のメイカーが物理的スペースと時間を確保できるよう配慮しよう。

4　ミーティングを集約しよう。個別の「コーヒーを飲もう」という約束のなかで、まとめられるものはないか。

5　あなたに子供がいるなら「好きなスーパーヒーローなら、こんなときどうする?」と尋ねてみよう（もちろん問題解決能力のあるヒーローの名前が挙がるのが理想的だが、違った場合は複数のキャラクターを一緒に考え、ゲーム感覚で楽しんでみよう）。

6　最近のイベントでもらった名刺のなかから、最も興味深いものを何枚か選び、フォローアップのメールを送ってみよう。簡潔なものでかまわない。相手との会話で興味を持った話題や、相手が興味を持ちそうなリンクを含めてみよう。遅くなっても送らないよりはましだ。

7　週1回のチームミーティングで、参加者に最近驚いたこと、あるいは予想外の出来事を3つ挙げてもらおう。そこに価値があるのか、フォローアップする気があるか聞いてみよう。

8 あなただけの「ご意見番会議」をつくり、新しいアイデアが浮かぶたびにメンバーと連絡をとってみよう。メンバーにはあなたの前提のおかしいところを指摘してもらい、メンタルモデルを見直し、点と点を結びつけるのに手を貸してもらおう。

9 あなたの活動分野のトップクラスの人材と連絡をとり、アイデアへのフィードバックを求めよう。相手の活躍から刺激を受けたことを伝えよう（相手からどのようなフィードバックが来るかは、あなたのアイデアの質にかかっている）。

10 あなたが学生あるいは研究者ならば、活動分野のトッププレーヤー5人に論文の短い要約を送り、フィードバックを求めよう。これは味方を増やし、人間関係を広げていく良い方法だ（当然ながら、あなたの送る原稿の質がそれなりに高いことが前提となる）。

第7章 セレンディピティ・スコアをつけてみよう

1998年の映画『スライディング・ドア』でグウィネス・パルトロウが演じたヘレンは、2つの異なる人生を経験する。

広告代理店に勤務するヘレンは仕事をクビになり、失意のなかオフィスを去る。地下鉄の駅まで走っていき、電車にギリギリ間に合う……あるいは乗り損ねる。

その電車に間に合ったか否かで、まったく違う2つのパラレルワールドが展開していくというのが映画の筋立てだ。

あなたもこれまで幾度となく、こんなふうに考えたことがあるだろう。

「もしあのとき、こうだったら……」「あの日運命の人と偶然出会っていなかったら」「転職のきっかけとなったあの会話を偶然立ち聞きしていなかったら、どうなっていただろう」。

セレンディピティとその行方について、反事実的思考をしてみるとおもしろい。**「どのような別の展開があり得ただろうか」**と。

実際に起きたことは「起こり得る歴史」がたくさん詰まった壺からたまたま引き出されたもので、実現した世界での巡り合わせは、多数あった選択肢の中の１つに過ぎない。

時間を巻き戻し、再び同じ状況に直面したとき、別の歴史が展開する可能性はどれくらいあるだろう。私たちのどのような行動が（それが何らかの影響を及ぼしたと仮定すると）、その選択につながったのだろうか。

起こり得た「もう１つの歴史」を考えてみるのは、なかなかおもしろい。そこに影響したのは自ら行動することで生み出したスマートラック（セレンディピティ）だろうか、それともまったくの偶然（ツキ）だろうか。

別の選択肢をシミュレートしてみると、実際に起きたことは、起こり得た展開のなかでもとりわけ確率の低そうなアウトライアー（異常値）だったことに気づくかもしれない。

初期条件がほんのわずか変わっただけでも、まったく違う結果になることもある。次に何が起こるかという確率は積み重なっていき、経路依存性が生じる。

それは本当にスキルの差なのか？

ここから何が言えるだろうか。たとえば社会的流動性や成功について言うと、生まれた場所の郵便番号がわずかに違うだけで、将来に大きな違いが生じる可能性がある。

中産階級の家庭に生まれた、架空の少女のケースを考えてみよう。親の雇ってくれた優秀な家庭教師に励まされ、特定の科目を熱心に勉強し、長じてノーベル賞を受賞した。

一方、反事実的な歴史では、少女の父親は職を失い、教育資金を支払えなくなった。少女は優秀な家庭教師と巡り合わず、同じ能力を身につけることができない。

経路依存性が生じるため、このたった1つの出会いの有無によって長期的結果は大きく変わってくる（もちろん本書で見てきたとおり、少女にセレンディピティ・マインドセットがあれば、何があろうとすばらしい成功をつかむかもしれない。同じイチジクの木になる別の実になるだけだ）。

スタート時点の差異が経路依存性によって長期的にまったく違う結果につながるというのは、テクノロジーの進化、資産の蓄積から社会的立場まで、さまざまな領域に当てはまる。

父親から4億ドルを相続できたら（ドナルド・トランプの言葉を借りれば「ちょっと何億ドルか借りられたら」）、億万長者にならないほうがおかしい。銀行にそっくり預けて、複利効果の恩恵を享受すればいいだけだ。

特別優秀に思える人を、過大評価すべきではないのはこのためだ。そのなかには生まれながらにツキに恵まれている人も多く、傑出したパフォーマンスはたまたま恵まれた環境で育った結果かもしれない。もともとベースラインが高いところからスタートし、不相応に大きな成功を手にしたのかもしれない。

この「金持ちはますます金持ちになり、貧しい人はますます貧しくなる」というメカニズムは、「マタイ効果」と呼ばれる。優位性は積み重なり、（地位やお金など）持てる者はさらに多くを手に入れられる環境に置かれる傾向を指す。

しかしスマートトラックやセレンディピティと同じように、このようなまったくの偶然も、人々の事実認識や記憶に正しく反映されていないことが多い。

これはさまざまな講演会や学校の教室、祖父との夕食の席で語られる武勇伝の大きな問題と言える。英雄たちに成功をもたらしたふるまいをむやみにマネしようとするのは非生産的だ。

それは実際の成果にたいした影響を与えていないかもしれないし、たまたまその状況でうまくいっただけの可能性もある。

私たちは自分の知性や意図を強調する一方、困難、不確実性、巡り合わせについては、意識的あるいは無意識的に無視してストーリーを語る傾向があることが、さまざまな研究で明らかになっている。

しかし聞いておもしろい話より、おもしろくない話のほうが現実に近いことは誰もが知っている。

運に恵まれた人は嘘をつく

単なる偶然が実力と誤認されるケースは、私たちが考えるよりずっと多い。たいてい原因となるのは**「生存者バイアス」**だ。

ナシーム・タレブの言う「静かな墓地」、すなわち外れくじを買っていた者たちの累々《るいるい》たる屍《しかばね》は、私たちの目には入らない。生存者に注目し、失敗を無視するのが人間の自然な反応だ。

私たちは幸運な生存者から教訓を学ぼうとするが、それは危険だ。というのも彼らの置かれたコンテクストは、たいてい私たちのそれとは異なるからだ。**成功の原因を巡り合わ**

せや単なる幸運ではなく、成功者の行為に求めすぎると、誤った教訓を引き出すリスクがある。

勝者は詳しく研究されるが、まったく同じ行動をとったにもかかわらず、運に恵まれなかった敗者が注目されることはまずない。

ロールモデルを正しく選ぼう

ミシェル・オバマ、リチャード・ブランソン、ビル・ゲイツ、オプラ・ウィンフリーのような成功者に近づこうとするのはすばらしいことだが、残念な結果に終わる可能性が高い。

その行動を逐一まねることができたとしても、スタート時点の初期条件を完全に再現すること、そして彼らの歩んできた道のりを正確にたどることはできないからだ。

傑出した業績を残す人々はたいてい「アウトライアー」であり、その生き方をまねることは難しい。機会や特権にも恵まれていたはずだ。

個人の物語よりパターンに目を向けること、そして自分と同じような現実を生きているロールモデルを見習うほうが効果的なのはこのためだ。たとえば魅力的な小売店主、あるいは有能なコンサルタントなどは、キャリアの可能性を理解するのに役立つ。

銀行員、法律家、コンサルタントのようなキャリアパスが比較的明確な「リニア」なコンテクストの場合は特にそうだ。

数えきれないほどの失敗を繰り返した末に、正しいタイミングで正しい製品を世に送り出すことができた起業家、あるいは過剰なリスクテイクも厭わない経営者と比べて、コンサルティング会社のシニアパートナーの反事実的な歴史を考えるほうが、あなた自身のたどり得るもう1つの歴史として参考になるのではないか。

ドナルド・トランプは多額の借金を抱えていた1990年代に、自分の純資産はホームレスより少ないという（ぎょっとするような）発言をしたことで知られる。

その過剰なリスクテイクを踏まえれば、彼のもう1つの歴史として、アメリカ大統領どころか借金まみれの失敗者になっていてもおかしくなかった。トランプの「歩み」に学べば、成功者になる確率と失敗者になる確率は半々だろう。きわめて特異な例であるのは間違いない。

実際に私たちが最も多くを学べるのは、2番手のプレーヤーであることが多い。傑出した記録の後には通常、平凡な記録が並ぶ。というのも極端なパフォーマンスは極端な幸運に支えられていることが多いからだ。

極端な幸運は長続きしないので、記録はたいてい平均的なところに回帰する。たいてい本人はパフォーマンスが低下したもっともらしい理由を考えるが、実際にはツキが落ちただけのことが多い。

本書の目的はツキに頼るのではなく、セレンディピティのベースレートを高める方法を示すことだ。そうすればどんなときもセレンディピティを高水準に維持できるようになる。

あなたのセレンディピティ・スコアをつける

誰もがわかっているように、世界は必ずしもフェアではない。懸命に努力すれば好ましい結果につながることもあるが、ツキ、相続した財産、社会的つながりなどがスキルに成り代わって同じような結果をもたらすこともある。

単に私たちの身に降りかかる「ツキ」と、私たちが自ら生み出すことのできる能動的なスマートラック（セレンディピティ）の違いが重要なのはこのためだ。セレンディピティ・マインドセットを身につければ、「運かスキルか」の問題ではなくなる。セレンディピティを生み出すこと自体がライフスキルになる。

では、あなたのセレンディピティ・レベルを測るためには、どうしたらいいだろうか。

	スコア
21. 自分が所属する集団や組織のなかで人脈が広いほうだ。	
22. 3つ以上のタイプの異なる集団に所属している。	
23. よく自宅に人を招く。	
24. 他人から問題を相談されると、自分や誰かがどうすれば助けになれるか考える。	
25. 相手の立場になって状況を理解しようとする。	
26. 日常のささやかなことに感謝の気持ちを持つ。	
27. 自分の行動を振り返り、それが他者に及ぼす影響について考えることが多い。	
28. 安心して新たなアイデアを追求できるという気持ちにさせてくれる仲間に囲まれている。	
29. 周囲の人は私にはアイデアや困難を打ち明けられると思っている。	
30. 必要なときには他者に助けを求める。	
31. さまざまなテーマやアイデア同士の興味深い結びつきに気づいたら、さらに追求することが多い。	
32. たとえ時間がかかっても、粘り強くアイデアを最後まで完結させるタイプだ。	
33. 不確実な状況でも動じない。	
34. 何事も「絶対」とは言えないと思う。	
35. 会話のときはユーモアを使って気楽な雰囲気を出すことが多い。	
36. どんな状況でも「完璧にやらなくては」とは思わない。	
37. たくさん質問をするタイプだ。	
38. 自分の価値観に沿う生き方をしている。	
合計	

スコア：1から5（強くそう思うが5〜強くそう思わないが1）の5段階で回答

	スコア
1. スーパーや銀行など公共の場で列に並んでいるとき、知らない人と会話をすることがある。	
2. 問題に直面したとき、根本的な原因を理解しようとする。	
3. 予想外の情報や出会いがあったとき、その価値に気づくことが多い。	
4. さまざまな話題に関心を持つことができる。	
5. 自分の目指すものがはっきりわかっている。	
6. 厄介な問題に直面しても簡単にくじけない。	
7. さまざまな状況で「心理的プレゼンス（「いまここ」に意識を集中すること）」を実践できる。	
8. 他者の本当のモチベーションを理解しようとする。	
9. 自分にはいつも良いことが起こるようだ。	
10. 直感や予感によく耳を傾ける。	
11. 自分の判断力を信頼している。	
12. 人生で望むものを手に入れるために努力する。	
13. 自分が会う人はたいてい親切で、感じが良く、協力的だ。	
14. 人生の明るい面を見ようとする。	
15. 失敗は何かポジティブなもの（学習など）に転換できると考えている。	
16. 自分の身に起きた嫌なことについて、くよくよしない。	
17. 過去の自分の失敗から学ぼうとする。	
18. 自分は幸運だと思っている。	
19. たいてい正しいタイミングで正しい人に出会う。	
20. よくイベントに顔を出し、見知らぬ相手に話しかける。	

情報科学、心理学、経営学、さらにその関連分野のこれまでの研究から、セレンディピティ・スコアを算出するのに有効な指標の確認と実証が進んできた。

基本的にはセレンディピティ・プロセスの構成要素（セレンディピティ・トリガー、点と点を結ぶ、賢明さ、粘り強さ）について、それぞれを測るための問いを立てていく。188〜189ページにある質問リストは、近年の研究から導き出されたものだ。

この質問に答えて、あなたのスコアの合計を算出してみよう。満点は190点だ。結果はどうだっただろうか。他の人と比べて高いか低いかは関係ない。重要なのは、**あなたの今日の「セレンディピティ・スコアカード」が、1週間後、1カ月後にはどう変化しているかだ**。定期的に質問リストに答えるようにしよう。

私はこの質問リストをセミナーで使っているが、1週間もすると参加者から、ふだんの行動を変えたところセレンディピティが頻繁に起こるようになったという報告が届く。

著名な相手に「いきなり」メールを送ったら返信があった、後から考えると自分が本当に必要としていた相手に出会うことができた（「それまで意識していなかった相手が親友になった」）、幸福感が高まり「生きることへの情熱を取り戻した」といった声だ。

これは基本的に個人として取り組むべき活動だが、チームで実践することもできる。たとえばお互いにここに挙げた質問をすると、楽しみながら関係性を深め、セレンディピティへの意識を高めることができるかもしれない。

まとめ

反事実的思考は、ある状況において幸運（あるいは不運）な結果をもたらした要因を理解するのに役立つ。それは私たちの努力の成果だろうか、それとも単にツイていただけだろうか。

努力が要因だったのなら、再現できるだろうか。短期的影響ではなく長期的成果を理解しようと努めることで、意図せざる影響は回避できる可能性がある。

個人と組織にとってカギとなるのは、一度だけツキに恵まれた人ではなく、将来にわたって幸運であり続ける人を評価することだ。

セレンディピティ・スコアはスマートラックを身につけるための道のりにおいて自分が今どのあたりにいるかを把握し、何に集中すべきか意識するのに役立つ。セレンディピティ・スコアは固定的なものではない。

やってみよう

自分のスコアをつけてみよう

1 あなたの人生に大きな影響を与えた出来事を振り返ってみよう。どのような別の展開が起こり得ただろうか。そこにおいて、あなた自身はどのような役割を果たしたのか。要因となったのは単なるツキか、それともスマートラックか。そこから何が学べるだろう。

2 知り合いに、行く先々でスマートラックを生み出す人はいるだろうか。彼らから学べることを3つ考えてみよう。

3 あなたの組織の評価システムはどのようなものか。評価をランダムな出来事と切り離し、努力（その人はどのように目標を達成したか）に注目する仕組みに改善できるだろうか。

4 セレンディピティ・スコアを月1回算出し、現状をチェックしよう。本書で紹介した「やってみよう」の各項目を使って、あなたが改善できる分野はどこだろう。

おわりに

賢く運を引き寄せるためにできること

セレンディピティは人生に喜びや驚き、生きがいや輝きに満ちた魔法のような瞬間をもたらす。

人生という旅路、充実した成功に満ちた日々を送るために欠かせない要素だ。**生きる情熱を取り戻し、予想外の事態を脅威から喜びの源泉へと転換する力になる。**

良い人生が良い日々の積み重ねであるならば、セレンディピティはそうした日々を喜びや生きがいで満たしてくれるものだ。

本書は格差の広がる時代に、人生をより良く生きるための希望と戦略を示そうとしている。どうすれば自らの力でスマートラックを生み出すことができるのか、誰もが共感できる物語を提供している。

運に恵まれ、他の人々にも幸運をもたらす環境を生み出せるのは、リチャード・ブランソン、J・K・ローリング、オプラ・ウィンフリー、ミシェル・オバマ、ビル・ゲイツ、スティーブ・ジョブズのような人だけではない。**誰もがそれぞれのやり方で、同じことができる。**

ツキが人生において大きな役割を果たすのは事実だ。だが自ら運命を切り開き、自分や他の人のために「スマートラック」を頻繁に引き寄せ、より良い結果につなげられるような環境を生み出す方法はたくさんある。

飛行機に乗り遅れるたびに、新たな機会が生まれる。それは恋愛のチャンス、投資家と出会うチャンス、あるいは友人と出会うチャンスかもしれない。それはあなたが隣に座っている人に話しかけるかどうかで決まる。

成功をもたらすのは運かスキルのどちらかだ、という昔ながらの発想はそろそろ捨てたほうがいい。むしろ**主体的に、賢く運を引き寄せるためのマインドセットを身につけ、環境を整えるための努力をするべきだ。**

セレンディピティ・マインドセットとは要するに、世界をどのような枠組みで見るかの問題だ。自分の核となるモチベーションを持ち、点と点を発見して結びつけ、機会に変え、(可能であれば) それを加速し、増幅させていくことが重要だ。

そして誰もが心のなかに持っているバイアスへの警戒を怠らないことだ (本書も例外ではない。私はできるかぎり自分のバイアスを排除するよう努めたが、後知恵バイアスや生存者バイアスがあちこちに影響しているはずだ。そして本書に登場するエピソードの伝え方は、20年後にはまるで違ったものになるだろう)。

今日のような不確実な時代には、多くの人が拠りどころとしてドグマ (固定的な信条) に頼ろうとする。それに対し、本書は別の生き方を示す。

人生で何が起ころうとも柔軟に対処するためのセレンディピティ・マインドセットと、それと対になるセレンディピティ・フィールドを生み出すのだ。

それは**豊かな人間関係や生きがいや帰属意識を人生の中心に据えることを意味する**。あなたはこれまでそんなふうに世の中を見たことがなかったかもしれない。そうだとしたら、この新たな枠組みがさまざまな重要な問いと向き合うきっかけになればと思う。

もちろん、私がすべての答えを持ち合わせているわけではない。セレンディピティはよく話題にのぼるものの、ほとんど検証されてこなかった。研究はまだ始まったばかりで、多種多様な学問分野に散らばっている。

私は可能なかぎりそうした知見を統合し、まだエビデンスが少ない分野についてはアナロジー思考を試みた。因果関係の主張はあまり含めておらず、これからさらに実験を重ねる必要もある。

セレンディピティについて学ぶべきことはまだ多く、本書にもさまざまな課題はある。10年前に同じテーマで執筆していたら、あるいは今から10年後に書くとしたら、このテーマに対する私の理解はおそらく大きく違ったものになるだろう。

その時点の関心や気持ちを反映して、自分自身の物語の解釈も違っているはずだ。生存者バイアスの影響を受けていることは間違いない（確証バイアスなど、他にもさまざまなバイアスが影響している可能性はある）。

だがこれが現時点のベストであり、これからもみなさんとの学習と共創を続けていければと考えている。

本書は**「合理的楽観主義」**に依拠している。そこには**どれだけ冷笑的な批判にさらされても、前向きな気持ちを失わないでほしい**という願いも込められている。

「真の現実主義者になるためには、楽観主義者として出発する必要がある」というヴィクトール・フランクルの洞察は、ゲーテの思想に触発されたものだ。

ゲーテは、私たちが目の前の相手の姿ではなく、相手がなり得る最高の姿を予想して接すると、実際にそうなる手助けができると考えた。

本書がみなさんにとって、自分自身を、友人たちとの関係を、そして組織を、なり得る最高の姿に近づけていく一助となれば幸いだ。

特定のゴールや「最高の自分像」に向かって進むのではなく、さまざまな**「なり得る自分」**を試してほしい。

その旅路の指針となる枠組みを使って、自分にどんな可能性があるのか探究してほしいと思っている。

【著者・訳者紹介】

クリスチャン・ブッシュ（Christian Busch）

ニューヨーク大学（NYU）とロンドン・スクール・オブ・エコノミクス（LSE）で、パーパス・ドリブン・リーダーシップ、イノベーション、アントレプレナーシップを教える。

LSEにて博士号（Ph.D.）取得。

20カ国以上で活動する若手イノベーターのコミュニティであるサンドボックス・ネットワーク、強い影響力を持つリーダーの集まりであるリーダーズ・オン・パーパスの共同創設者。

世界経済フォーラムのエクスパートフォーラムのメンバーであり、ロイヤル・ソサエティ・オブ・アーツのフェローも務める。

土方奈美（ひじかた　なみ）
翻訳家。日本経済新聞、日経ビジネスなどの記者を務めたのち独立。慶應義塾大学文学部卒業、モントレー国際大学院（翻訳）、アメリカン大学ジャーナリズムスクールにて修士号取得。米国公認会計士、ファイナンシャル・プランナー。
訳書に『ビジョナリー・カンパニー ZERO』（日経BP）、『2030年：すべてが「加速」する世界に備えよ』（NewsPicksパブリッシング）、『How Google Works』『NO RULES：世界一「自由」な会社、NETFLIX』（日経BP日本経済新聞出版本部）、『レオナルド・ダ・ヴィンチ』（文藝春秋）、『財政赤字の神話』『BUILD：真に価値あるものをつくる型破りなガイドブック』『倫理資本主義の時代』（早川書房）など多数。

運のいい人が幸運をつかむ前にやっていること
セレンディピティの科学

2024年12月3日発行

著　者――クリスチャン・ブッシュ
訳　者――土方奈美
発行者――田北浩章
発行所――東洋経済新報社
〒103-8345　東京都中央区日本橋本石町 1-2-1
電話＝東洋経済コールセンター　03(6386)1040
https://toyokeizai.net/

装　丁…………橋爪朋世
D T P…………アイランドコレクション
製　版…………朝日メディアインターナショナル
印刷・製本……TOPPANクロレ
編集担当………三宅　萌
Printed in Japan　　ISBN 978-4-492-04783-5